U0855180

治理现代化视域下审计监督与效能监察研究

◎黄伟娟 著

湘潭大學出版社
XIANGTAN UNIVERSITY PRESS

图书在版编目（CIP）数据

治理现代化视域下审计监督与效能监察研究 / 黄伟娟著. -- 湘潭 : 湘潭大学出版社, 2023.4
ISBN 978-7-5687-1046-6

Ⅰ. ①治… Ⅱ. ①黄… Ⅲ. ①审计－监督管理－研究 Ⅳ. ①F239.22

中国国家版本馆 CIP 数据核字（2023）第 052839 号

治理现代化视域下审计监督与效能监察研究

ZHILI XIANDAIHUA SHIYU XIA SHENJI JIANDU YU XIAONENG JIANCHA YANJIU

黄伟娟 著

责任编辑：刘文情
封面设计：张　波
出版发行：湘潭大学出版社
社　　址：湖南省湘潭大学工程训练大楼
电　　话：0731-58298960 0731-58298966（传真）
邮　　编：411105
网　　址：http://press.xtu.edu.cn/
印　　刷：长沙鸿和印务有限公司
经　　销：湖南省新华书店
开　　本：710 mm×1000 mm 1/16
印　　张：11.75
字　　数：202 千字
版　　次：2023 年 4 月第 1 版
印　　次：2023 年 4 月第 1 次印刷
书　　号：ISBN 978-7-5687-1046-6
定　　价：50.00 元

目 录

第一章　绪论

治理现代化下如何高效及时进行审计监督与效能监察是大数据、智能化、万物互联时代政府科学有效执政所面临的一个重要课题。本章对研究背景和意义、国内外研究概况进行了简要的阐述，并针对该问题的研究现状进行了归纳梳理，阐明了研究的目的与意义。

第一节　研究背景与问题的提出

一、研究背景

（一）党中央、国务院高度重视审计监督和效能监察工作

1982 年颁布的《宪法》将审计监督制度确立为国家一项重要政治制度，对审计体制、基本原则、基本职权等作了具体规定。党的十八大以来，以习近平同志为核心的党中央从推进国家治理体系和治理能力现代化、健全党和国家监督体系的高度，对审计工作作出一系列重大决策部署。2015 年，中共中央办公厅、国务院办公厅印发《关于完善审计制度若干重大问题的框架意见》及相关配套文件，对实行审计全覆盖作出部署。党的十九大作出改革审计管理体制的重大部署，强调构建集中统一、全面覆盖、权威高效的审计监督体系。2018 年成立中央审计委员会，习近平总书记亲自担任主任，每年主持召开中央审计委员会会议，亲自谋划、亲自部署、亲自推动审计领域重大改革，深刻阐述了审计工作一系列根本性、方向性、全局性问题，为新时代审计工作提供了根本遵循和行动指南。习近平总书记强调，审计是党和国家监督体系的重要组成部分，要实现审计全覆盖，努力做到党中央重大

政策措施部署到哪里、国家利益延伸到哪里、公共资金运用到哪里、公权力行使到哪里，审计监督就跟进到哪里，促进经济高质量发展、促进全面深化改革、促进权力规范运行、促进反腐倡廉。2019 年以来，党中央、国务院持续完善审计工作制度体系，制定《“十四五”国家审计工作发展规划》，对领导干部经济责任审计、建立健全审计查出问题整改长效机制等作出重要部署。

党的十六届三中全会明确提出建立预算绩效评价体系。党的十七届二中全会、十七届五中全会分别提出推行政府绩效管理和行政问责制度、完善政府绩效评估制度。党的十八大进一步提出创新行政管理方式，提高政府公信力和执行力，推进政府绩效管理；党的十八届三中全会提出要提高财政支出效率。党的十九大提出建立全面规范透明、标准科学、约束有力的预算制度，全面实施绩效管理。这标志着预算绩效管理上升为国家战略。2018 年 7 月，习近平总书记主持召开中央全面深化改革委员会第三次会议，会议指出：全面实施预算绩效管理是政府治理方式的深刻变革。要牢固树立正确政绩观，创新预算管理方式，突出绩效导向，落实主体责任，通过全方位、全过程、全覆盖实施预算绩效管理，实现预算和绩效管理一体化，着力提高财政资源配置效率和使用效益。2018 年 9 月出台的《中共中央　国务院关于全面实施预算绩效管理的意见》，对预算绩效管理改革作出全面部署，是新时期预算绩效管理工作的纲领性文件，具有里程碑意义。2020 年《中共中央关于制定国民经济和社会发展第十四个五年规划和二〇三五年远景目标的建议》进一步提出，推进财政支出标准化，强化预算约束和绩效管理；健全重大政策事前评估和事后评价制度。

（二）传统效能管理功能发挥存在困难

政府效能管理既是一种管理工具，也是一种新的理念。作为一种系统的理论和方法，政府效能管理源自西方行政生态和经济、社会文化环境，在中国推行，需要有一个本土化的过程，也会遭遇文化、政治生态等制约。

一是传统观念。中国古代思想家的一些论著和思想，如《管子》《道德经》《论语》《孙子兵法》等，对现代管理理论的启迪，已获得管理学界的专家学者越来越多的重视和肯定。但中国传统文化中的一些思想观念，也影响着效能管理，表现为：政府运行的透明度不高，行政主体与行政客体之间的“信息不对称”现象比较普遍，社会公众参与的积极性不高，为客观评价政府组织的绩效带来困难。正如美国学者文森特·埃斯特罗姆所言，官僚体制“把公民变成依附性的群众，使其政治‘主子’变成软弱无能的‘外行’。……官僚的支配地位依靠的是垄断信息、掩饰真相，以及垄断社会中存在的职业专家的权能”。在政治活动中，当处于信息优势方的政府在进行政策制定、政策选择与政策执行时，并不一定会选择最优的适应社会整体利益或便民的公共政策，而处于信息劣势方的公众也无法判断政府的政策行为是否有利于公众利益，这导致政府绩效管理的出发点和最终归宿都会产生偏差。制度化参与渠道的狭窄，致使社会公众无法了解政府决策和正常执行情况，对政府绩效更无从知晓。由于政府绩效管理是一种多元化的治理方式，其参与的主体是多元的、开放的，因而社会公众参与的制度化渠道不完善、信息不对称，必然会对政府绩效管理的效果造成影响。

二是“官本位”意识。流传上千年的“官本位”意识在行政文化中具有深厚的根基。在封建官僚体制结构中，等级森严、上尊下卑、界限分明、不容僭越。官越大权越大，享受的待遇就越高，地位就越显赫。上下级之间不是双向互动运行关系，而是下级完全隶属于上级，一切听命于上级；对下级官员来说，一切只对能决定其个人命运的上级官员负责。在单一行政化的体制下，不是整体的规则、秩序和法理的统治，而是个人的统治；不是法定程序支配，而是“长官意志”支配。时至今日，“官本位”意识仍在影响一些领导干部的政绩观，一些地方的领导干部执政为民的意识不强，为捞取“政绩”不惜损害群众利益。具体到政府绩效管理，由于“官本位”的影响，它作为管理工具，其自身的科学性、规律性无法得到体现和应用，“家长制”作风、长官意志仍然在影响政府运作方式，由此形成的权力崇拜在现实中表现出“唯权”“唯上”的特征，在政府决策中无视公众参与，对以多元化治理为特征的政府绩效管理形成了一定程度的排斥。

三是思维方式和行为习惯。与西方传统思维追求精确、实证不同，中国传统文化建构的思维方式呈现出明显的整体性、模糊性。模糊思维使人们养成了一种不求精准、不尚实证的认知和行为习惯，“差不多先生”也正源于此。在政府管理中，它使得管理的参与人陷入“原生态”，每个人只能依靠自我的有限认知、良知或心智作出选择，也就是常说的“只可意会，不可言传”。黄仁宇先生在其著作《万历十五年》中提出了一个重要观点，明朝失败的原因，既不是道德，也不是技术，而是不能实施“数目字管理”，官僚体系满足于含混、模糊的运作，也就无法有效地动员全社会的人力、物力和财力。缺乏“数目字管理”和模糊运作的文化传统，与绩效管理所要求的定量化、精细化、科学化格格不入。目前在行政管理活动中，比较普遍的情况是，定性的评价多，定量的分析少，习惯于大而化之、笼而统之、“毛估估”，一些部门往往对绩效评估的一些方法运用难以适应，抱怨较多，甚至抵触。

（三）政绩冲动的客观存在

进入21世纪以来，传统的粗放式发展越来越难以为继，转型升级变得更加迫切。这在客观上要求政府加快职能转变，加大改革力度，进一步简政放权，创新治理方式，提升政府绩效。但是，一些地方政府及部分官员在施政行为上仍然存在许多急功近利的短视行为，其根源在于错误的“政绩观”和竞争压力下的“政绩焦虑”，这对政府绩效管理的开展形成了不利的政治生态。

一是错误的“政绩观”。在实际工作中，多年来唯GDP的发展模式和粗放型的政府管理所形成的思想观念，还很难适应绩效管理的要求。一些地方在开展政府绩效管理中，只是将传统的目标责任制考核进行简单移植，实际还停留在重数量轻质量、重速度轻效益、重显绩轻潜绩上，难以摆脱唯GDP的“政绩冲动”，大搞“政绩工程”“形象工程”，“数字出官”“官出数字”的现象也屡见不鲜。当经济增长、社会稳定等压力与绩效管理的理念和要求发生冲突时，绩效管理注重质量、效益、成本、顾客满意度等的价值理念，很容易为速度、数量、规模、“只算政治账不算经济账”等传统政绩观所左右。尤其是在经济下行压力增大，保增长、保稳定的主题再次凸显，乃至压倒调结构、促转型主题的现实下，发展方式的“路径依赖”某种程度上很容易使绩效管理沦为单纯追求GDP的“指挥棒”，政府绩效管理的机制难以全面、正常地发挥作用，陷入左右为难的尴尬境地。

二是竞争压力下的“政绩焦虑”。地方政府在施政中面临三个压力：(1) 区域或城市竞争的压力。区域竞争本质上不是地方政府间的竞争，而是由包括地方政府、企业、居民在内的多元主体构成的，体现区域整体利益的一种竞争。但是在我国，地方政府在地区经济社会发展中扮演着推动者的角色，因而成为区域竞争中的重要主体，区域竞争事实上便成为地方政府间的竞争。(2）社会发展压力。随着经济社会的发展，人民群众的主体意识和权利意识不断增强，对于地方政府而言，需要多渠道、多形式地解决公民参与公共治理的民主诉求和解决公民生存与发展问题的民生诉求。(3）官员彼此间相互竞争的压力。这是由对政绩和个人升迁的追求而形成的压力，加之实际任期的不确定性，也会促使政府官员产生强烈的创新意识和“政绩冲动”，以便为政府和个人赢得更好的声誉，为自身的发展积累政治资本。这些压力形成的现实困境和焦虑感，往往会导致一些官员的急功近利和短期行为，重显绩轻潜绩，重面子轻里子，重形式轻实质，不计成本、不惜代价、不顾长远，甚至不择手段，只求在任期内取得显赫的“政绩”。

在如此心态和错误政绩观的指导下，对绩效管理工具的运用，必然会出现偏差，甚至对“绩效管理”越重视，运用各类督查考核工具越充分，带来的负面影响就越大。

（四）制度保障缺失

绩效管理是一项涉及面广、工作层面高、专业性强的系统工程。要持续深入地推进这项工作，必须有强有力的制度保障。从西方主要国家政府绩效管理的实践可以发现，政府绩效管理能得到持续的推行、改进和完善，不仅在于领导人的有力支持，还在于政府绩效管理纳入了法治化轨道，对政府绩效管理的制度保障非常健全和完善。在国内，政府绩效管理不仅缺乏国家层面和地方层面的相关法律法规保障，而且开展政府绩效管理的职能机构也功能不全，在组织、运作、执行等方面，均未能有体系化的建构。

一是地方政府绩效管理多处于“自发”“随机”状态。目前，我国的政府绩效管理尚缺乏法律支撑，工作大多由各地方通过党委、政府“红头文件”的形式推动，没有成为一种法治化的制度安排。很多地方都结合了各地自身的实际情况，进行了大量的探索，形成了地方特色，但各地对政府绩效管理有一定的随意性，为寻求政绩而出现了各种名目繁多的管理方式，但往往因领导人而异，“人亡政息”的现象比较普遍。纵观很多地区的考评工作，大多因此而没有坚持下来，没有得到深化发展，相互之间也缺乏承续。

二是未形成全国性的政府绩效管理体系。从国家治理体系来看，缺乏系统性的“从上而下”的政府绩效管理组织体系，政府绩效管理机构和职能尚未统一纳入机构编制序列。国家在政府绩效管理方面也尚未有全面的指导性文件纲要。在国家立法层面，政府绩效管理尚未列入立法计划。各地负责政府绩效管理的组织机构不健全，大部分附属于不同的部门，在机构设置和职责定位上五花八门。

三是政府部门职能界定不清晰。仍有一些部门存在多项职能交叉的问题，突出表现在：一件事情多个部门负责，多龙治水；还有些事项存在政府部门缺位，造成政府责任真空。从根本上说，政府主导型的发展模式仍未彻底扭转，政府拥有过多的资源、要素配置权力，同时，提供公共服务的制度建设又尚不完善，职能“错位”“越位”“不到位”的现象同时存在。职能界定不清晰，也导致了大量临时性协调机构的设置，从而进一步加剧了政府部门职能和职责的碎片化。对于政府绩效管理而言，它的开展首先就要以政府部门的职能职责法定为前提。

（五）科学技术的进步

评估政府部门绩效，在公共管理领域是一个公认的世界性难题，这一点主要体现在评估技术的应用上。以前政府绩效管理中的技术应用障碍主要表现在：

一是政府职能差异导致难以形成统一的评价标准。由于政府工作的特殊性，很难找到相应的参照系进行对比评价，不同地区、不同部门的实际情况和工作特点差异性相当大，给考评制度设计带来很大的困难。

二是社会评价中的信息不对称问题难以避免。一方面，评价代表对政府部门的职能划分和责任归属的了解不清晰；另一方面，现代社会分工形成的知识和信息上的局限，加剧了评价过程中知识不对称和信息不对称的问题。

三是社会聚焦点影响个体利益的表达。在实践中，一些社会重大事件、热点问题容易产生“投射效应”，比如其他地方发生的行业事件、行风问题，有时难免会在本地的社会评价中对相关单位评价打分产生负面影响。一些长期得不到解决的社会难点问题，会成为意见焦点，也会给社会公众形成一定的个人评判倾向，并相对固化。而这些聚焦点往往又是发展过程中的问题，解决起来需要较长的时间，或者需要在国家层面上通盘解决，从而容易使评价结果产生一定的惯性，影响绩效评估的效度。

四是网络信息技术的发展带来的新挑战。尽管这些年各级政府部门大多已建立起庞大的管理信息系统，但信息共享的程度较低，不仅向社会开放不多，就是在政府机关内部，互联互通、信息共享也还存在很大的障碍，“信息孤岛”现象比较普遍。这不仅大大增加了建设、使用和管理成本，也对政府绩效管理的动态监控、绩效评估及结果运用等形成了阻碍。另外，在网络信息时代，如何运用移动互联网扩大多元主体的有效参与，如何运用大数据分析评估政府绩效，等等，都成为政府绩效管理需要研究的新课题。

由于国家大力推动社会发展，科学技术进步飞速，科学技术成果人民共享。在硬件设备已经成熟，应用群体特别庞大的今天，曾经的问题不再是障碍。虽然，政府进行了一系列行政体制改革，但在很大程度上依旧深受传统科层制的影响，部门之间各自为政，信息藩篱严重。另外，随着公民参政议政的诉求日益增长，也对树立政府治理理念提出了新的更高的要求。例如政务信息公开、网络治贪、网络问政等，正是社会公众的力量在推动政府治理变革的体现。政府治理的变革，预示着政府和公民、社会关系的重新梳理和调整。

党的十八届三中全会提出将“推进国家治理体系和治理能力现代化”确定为国家全面深化改革的总目标，同时提出科学的宏观调控和有效的政府治理，是当前社会主义市场经济发挥优势的内在要求。政府治理可以说是国家治理的重要组成部分，是推进国家治理现代化的重要领域。政府治理集中体现了政府与公民、政府与企业、政府与市场之间直接的互动联系和行动规律，是国家和政府各项改革的重要前提。而支撑政府治理的重要抓手当然离不开科技的进步，科技的发展与变革将极大地推动治理理念和治理模式的创新，对于政府来说，依靠科技进步将是助推政府治理走向现代化的重要前提。

政府治理的变革，往往与技术的发展有着重要的联系。比如 19 世纪中期美国的城市人口飞涨，城市的扩张需求耗费了大量生活资源，工业技术的发明与应用推动了全国交通路网的铺设与建设，从而满足了城市与城市，城市与农村的信息共享和资源分配的要求。如今面对城镇化与信息化融合发展的重要时期，海量的数据信息改变了人们的生活行为方式，深刻影响着人们的世界观和价值观，整个社会格局呈现网格化、扁平化。社会各界之间的交流与碰撞，不但使组织机构和广大公众遇到很多新的问题，也对政府治理提出了新的更高的要求。目前很多国家都正在探讨如何使用大数据技术来重新定位政府行政目标、转变政府治理理念等一系列现代治理中的核心问题。各级政府也在积极制定实施大数据战略的方案，在政府各个领域采用大数据技术、互联网技术、云计算技术等手段推动政府职能的转变。

3G、4G网络、物联网、云计算及各式各样的传感器的广泛应用促使人类社会产生的数据类型和规模均呈指数级的速度增长。如今，脸书上每天都有超过千万张的照片更新和数十亿次的点击率；谷歌公司每日处理的数据都超过PB级，是美国国家图书馆所有的纸质书刊数据量的千倍以上。这些数据量之大，已经不是以传统的GB和TB为单位来衡量，而是以WPB、EB，甚至是WZB、YB为计量单位。每分每秒都有巨量的数据产生，并被收集、分析和利用，数据开始转变成一种具有价值的资源，大数据的概念应运而生，并先天性地被运用到了政府治理的诸多领域，如电子政务、政府决策、政府绩效管理和公共危机管理等，大数据所积蓄的价值将对推动政府治理现代化产生革命性的影响。

当前人工智能研究已经有了长足的进步。智能辅助驾驶技术已经逐渐成为现实，目前多处智能驾驶技术均已落地。武汉的轨道交通5号线，是一条采用自动驾驶技术的轨道交通。深圳更是落地了自动驾驶的小汽车和大客车，并出台了完全自动驾驶汽车的相关法律。毕马威将人工智能技术用于大数据审计，更是如虎添翼，省时省力地起到了以往难以企及的监督作用。

大数据技术、人工智能技术已深入社会生活的各个角落，记录人们生产、生活行为的设备仪器随处可见，从银行收支到手机导航，人们在制造行为数据的同时，也成了自己行踪的出卖者。公司、金融机构、大专院校和科研院所利用大数据技术海量存储与高效处理的特点，不断推进本领域的发展。政府身为现代化治理的主导者，也不断加深对大数据技术的正确认识，着力重视公共政务数据化的发展。我国20世纪90年代开始起步电子政务建设，21世纪初，我国各级政府针对电子政务开展了一系列工作，将不同单位的电脑上网连线，并构建起不同局域网间的连接，通过网络进行各项政务工作的流程。伴随着我国数字城市、智慧城市和政务公开工程的开展，我国的“政府治理”已逐步走上了朝着现代化发展的快车道，数据在政府治理中的应用得到了发挥，实现了从中央到县、区政府间的联网，开展了网上批文、网络问政、网络监察等方面的应用。但是，由于国家层面给予的政策性指导不够、政府各个职能部门间条块分割严重等现状，导致了统一的数据收集、存储、处理平台尚未构建成熟，数据共享共用机制尚未确立，应用开发还不够深入，这些问题仍然制约着大数据在政府治理中的深入应用。因此，梳理清楚大数据对政府治理的影响，探讨一种符合大数据时代特征，管理方式和服务方式向智慧化方向发展的政府治理现代化评价方法及对策措施变得紧迫而重要。

二、研究的主要问题

大数据、人工智能时代，物联网、云计算、微信、VR 等新技术的发展与普及，将会从根本上转变政府的治理模式、组织机构和政府形态，进而推动政府治理下的审计监督与效能监察走向现代化。用大数据思维、人工智能技术来推动政府审计监督与效能监察协同办公（或称为合署办公），可以与时俱进地破解各种客观复杂的历史性问题。国家和很多省份已经着手收集海量的数据并应用到实际的审计监督与效能监察工作当中，但是经过多年建设，基础数据资源整合平台还不完善，不同部门之间的数据很难有效流通，数据信息的碎片化和封闭化直接阻碍了政府对数据的信息化应用。尤其是近些年，社会公众参与政治的愿望不断增强，人们的民主和法治意识不断加强，传统的凭经验的管制型政府治理模式已经不能完全满足经济社会可持续发展的需要。在大数据环境下，如何通过数据资源的共享共用推动政府治理现代化，推动治理现代化的“眼睛”——审计监督与效能监察，变得尤为重要。本书认为有以下问题需要进行系统的研究：监督是社会治理中必不可少的一个环节，是管理中控制职能的内在要求。为此，设有不同层级的监督部门（岗位），如：纪检监察、内部审计、业务稽核、财务稽核、安全稽核等。这些部门（岗位）若能各司其职、协调配合则可形成一股监督合力。但是，一旦出现职责范围划分不清，或每个监督部门（岗位）都试图扩大其监督的范围，那么，就会出现多头监督和重复监督的问题。

社会治理中的专项监督工作一般由审计部门负责。而在行政机构、事业单位、国有企业中，往往会有两个负责监督工作的部门，一个是审计部门，另一个是监察部门。也有行政机构、事业单位、国有企业设立一个合署办公的审计监察部或监察审计部，并在其中分设审计和监察两个科室或岗位，分别处理专项监督工作。

虽然相关法律法规就审计与监察工作的主体、客体、职责权限、方式方法等作出了明确的规定，但是仔细研究这些规定，不难发现其中存在一些形式上不同而实质上难以区分的部分。这就给审计、监察人员带来了认识上的模糊和操作上的困惑。从效能监察和效益审计来看，这两项工作在工作的目标、监督的对象、取证的方式方法上存在较多交叉重叠和相似相近的地方，亟待理顺。

为此，如何深刻认识效能监察和效益审计这两项监督工作之间的相互关系，探索审计监督与效能监察整合的内在机理和实施方案，使审计监督与效能监察形成一股监督合力和一种协调配合的工作机制，提高“监督”的效率，克服多头监督和重复监督的弊端，更好地为治理现代化语境下各个行政机构、事业单位、国有企业等服务就成为摆在我们面前的一个亟待解决的重要理论与实践问题。

第二节　国内外研究状况

一、国外研究状况

（一）审计监督研究状况

西方发达国家所开展的政府审计研究主要是对政府绩效审计的研究，也就是效能监察。从美国、英国、加拿大等对政府部门进行绩效审计的资源总投入达到40%就可以看出政府绩效审计研究的重要性。政府审计是监督财政资金使用、防止官员腐败、提高治理绩效的重要机制，国内学术界和研究机构对政府审计的研究成果有很多，通过中国知网检索主题词“政府审计”，发现关于政府审计主题的文献有1435篇，其中关于绩效审计的文献有700多篇，占整个政府审计主题研究成果的一半左右。如周山（2016年）从预算绩效管理的理论视角出发，全面分析其对我国审计机关开展政府绩效审计工作的影响和面临的新挑战，指出了提升政府绩效审计质量的相应措施，旨在进一步提高财政资金使用绩效和公共服务质量。审计署深圳特派办理论研究会课题组（2020年）全面分析了关于公共财政专项资金绩效审计的现状，明确指出了可以更好提升财政专项资金的绩效审计效率的措施。审计署C市特派办理论研究会课题组（2019年）通过分析C市从2016到2018年近三年的中央预算执行情况以及相关财政收支审计工作报告，结合财政审计工作的实际开展情况，对预算执行绩效审计情况展开了详尽的研究和分析。但是由于政府绩效审计工作开展力度十分有限，对政府审计投入的资源仍然集中在合规性审计上。有关政府审计的理论基础主要有受托责任理论和公共管理理论等。受托经济责任理论认为审计是因委托责任的形成而诞生，并会随着委托责任的发展而发展。在委托责任关系形成后，客观上就有了授权委托人对委托人进行监管的要求，不过，随着委托责任关系越来越复杂，因为受法律、时间空间、自身能力和监督实行成本等条件的制约，委托人不能或无法亲自监管受托人经营管理的活动和责任，这时就要求具有相对独立身份的第三方机构，对受托人实施检查工作，所以，审计就产生了。蔡春、朱荣等（2012 年）以受托经济责任观为理论视角，从五个方面深入探讨了国家审计服务国家治理的实现路径，分别是：构建全新的公共受托经济责任报告体系，创新国家/政府审计对象载体；建立健全绩效管理制度、全面推进政府绩效审计；推进责任政府建立，进一步深化经济责任审计；构建并实施治理导向审计模式以及权力导向审计模式。

在 20 世纪 80 年代，由于信息社会的快速发展，西方一些国家政府体系相继产生了重大管理危机，依然实行传统的科层体制的公共行政体系已经无法满足急剧变革的社会发展，也无法处理国家政府所面对的日益严重的社会问题和矛盾。新的环境促使新的需求产生，新公共管理理论诞生了。它倡导在国家政府公共部门采用私营部门成功的管理模式和竞争机制，在处理公共问题、解决公众需要等方面，需提高公共服务效率，增强有效性和回应力，强调自上而下的统治性权力与自下而上的自治性权力交互，重视政府部门与公众社会之间的协商与合作。国内学者也积极在研究国外的政府审计模式与经验，以期对我国的政府审计工作提供实践支撑。如对澳大利亚政府部门的绩效审计研究（2019 年）、对美国公共工程审计的做法分析及对我国投资审计的借鉴意义（2018 年）、对阿富汗公共审计的研究（2019 年）。

（二）效能监察研究状况

行政监察制度是我国的一项特有制度。行政效能监察是行政监察机关职能的一部分，通过行政监察体制予以实现。但针对行政权力效能或称绩效管理，督促行政机关适当履行其职责，它是监督、制约行政权力的一种不可或缺的重要手段。西方国家的绩效管理、绩效监督体制以三权分立和公共管理理论为前提，传统绩效管理最早应用于大学工作的效率评定，后来逐渐扩展到工业以及其他领域。到20世纪70年代，西方的社会科学经长期分化后初步融合，正值新公共管理运动兴盛于大多数西方国家，为政府的行政改革突破奠定了坚实基础。彼时，来自行政、政治、经济、管理、法学等众多不同学科的思想，在反复的剔粗取精、碰撞融合中催生了公共选择理论、科斯一派的新制度经济学等学说。这些学说分别从宪制经济、官僚经济、交易成本等角度出发，对公共管理作了十分系统的论述，由此成为西方国家绩效改革运动的重要理论前提。其中又以理查德海克斯为代表，他提出了行政绩效监督是行政组织提高绩效的手段之一，而组织绩效又是一个多层次、非固定的概念，不同领域、不同层面、不同阶段的效能目标皆有不同，组织绩效最主要关注三个方面，即有效性、效力性和效率性。这就实现了对效能含义理解的深化，为效能指标的分类提出铺就了道路。

二、国内研究现状

（一）审计监督研究状况

与国外研究相比，国内学者除了研究大数据对审计的影响、大数据审计的技术方法、大数据审计存在的问题及对策以及大数据审计实务应用等方面，还对审计全覆盖进行了大量研究，审计全覆盖的研究具有中国特色。

1. 关于审计全覆盖的研究

（1）审计全覆盖的内涵研究

马向梅、张蕾（2016年）提出，审计监督发展到一定阶段必然要求实现审计全覆盖，全覆盖是有深度、有重点、有步骤、有成效的全覆盖，而不是没有重点、没有方向、没有方法的全覆盖。

薛建峰（2016年）对审计全覆盖的内涵进行了探讨，认为其内涵是国家审计机关对审计职权范围内的一切审计对象实施监督，不留盲区与死角。审计监督不仅要把握审计广度，也要把握审计深度，做到审“透”和审“深”。

（2）审计全覆盖与审计重点关系研究

杜彦丽（2017年）认为，审计全覆盖是指在审计范围上继续加深加宽，而审计重点是指审计中影响问题判断的重点内容。审计全覆盖是抓重点的全覆盖，首先要做到重点内容的全部审计。审计重点是对审计全覆盖关键内容的筛选把握，是实施审计全覆盖的关键因素。

张梦娅（2016 年）认为，审计全覆盖和审计重点是互相促进、互相配合的关系，审计全覆盖的实施能保证审计重点的全部审计，审计重点能推动审计全覆盖的实施更有成效，是全覆盖实施的关键和核心内容。

（3）实施审计全覆盖的困难研究

陈就好（2019 年）认为，当前基层审计机关实现审计全覆盖面临三方面困难，一是每年项目计划安排变数多，临时交办事项及抽调工作大大占用了机关人员力量，使每年审计项目安排存在不确定性。二是人员力量不足。基层审计机关编制较少，真正在一线开展审计工作的更是少之又少，任务量和人员力量不匹配的问题是阻碍审计全覆盖实现的重要因素。三是人员知识结构不够丰富，缺乏先进技术支持。当前基层审计机关招录的大多数为财务审计人员，对于实施全覆盖需要的多专业人才的需求还存在很大缺口，人才队伍中掌握计算机技术的更是凤毛麟角，阻碍了审计效率的提高，不利于审计全覆盖的开展。

何一苹（2020 年）认为当前实施审计全覆盖面临的主要问题是基层审计人员自身业务能力不足及信息技术普及程度仍然较低。当前，审计全覆盖下的审计工作涉及经济、法律、工程、服务、绩效、环保等各方面，还要求审计人员具备较高的文字表达、计算机分析等能力，基层审计机关这方面人才较为缺乏。此外，基层审计机关的信息化技术水平不高，大数据应用能力不足，也制约了审计全覆盖的开展。

褚艺红、陈公安（2019 年）认为当前推动审计全覆盖发展存在的困难主要来自三方面，分别为审计队伍、审计方式及审计技术不能完全符合审计全覆盖的要求。审计队伍人员不足、知识储备不够、机关内部跨科室协同还未完全实现、大数据技术距离普通审计干部的距离仍然较遥远等因素制约了审计全覆盖的发展。

（4）审计全覆盖的实施路径研究

刘国城、马欣萌、徐志（2021 年）认为审计全覆盖的理念极大地推动了大数据审计的广泛开展，大数据审计平台的建立又能提高审计机关进行数据分析的能力，他们分析了在审计全覆盖理念下构建大数据审计平台的构建理念、构建需求及构建策略，通过建立大数据审计平台，助推审计全覆盖的实现。

孟志华、李晓东（2018 年）探讨了审计全覆盖的内涵和现实情况中面临的挑战，提出了优化审计全覆盖的实施路径，即可通过适当引入社会审计购买服务、加大国家审计与内部审计的配合力度、实行联网审计等途径扩大审计监督的覆盖面。

刘国常、胡枫（2018 年）对大数据助推政府审计全覆盖的主要障碍作了分析，认为推动大数据审计的关键是收集建立庞大的数据库，建立被审计单位的检测模型，从而进行分析。

2. 大数据审计研究

（1）大数据对国家审计的影响研究

夏江华（2021 年）认为审计全覆盖推动了审计工作的中心从现场实施向数据分析转变，审计分析从注重因果关系向相关关系转变，审计方式从抽样审计向全量审计转变，并最终以开展联网审计作为发展的目标。

陈舒（2021 年）认为大数据技术对审计思维、审计模式和审计方法都产生了影响，在审计思维上，大数据技术推动审计思维从抽样思维到总体思维、从精确思维到容错思维、从因果思维到相关思维；在审计模式上，会出现总体审计模式、大数据审计模式；在审计方法上，会更多地运用大数据分析技术开展审计。

李海兵（2021 年）认为大数据审计已经成为行业关注焦点，大数据时代，审计证据更加多样化，增加了视频、音频、非财务文本等证据；审计方法更智能，可以进行数据标准化处理、机器学习及可视化分析；组织形式以平台化结构代替垂直式结构，更注重专业小组的建立和信息的横向流动。

万鑫（2021 年）认为大数据时代对审计工作既带来了有利影响，也带来了不利影响。有利影响又会带来审计技术的提升、审计工作范围的扩大、审计工作效率的提高；不利影响如审计人员技术跟不上大数据技术发展、审计数据安全和保密受到威胁、数据质量存在瑕疵等。

方媛媛（2021 年）认为大数据、云计算技术促进了全过程审计的发展、提高了审计结果的利用效率、强化了对相关关系证据的应用。

汪朝梅、吴忠（2021 年）认为大数据时代对审计方法、审计证据、审计风险和审计成果运用都产生了影响。在审计方法上，可以扩大审计的样本数量，避免抽样审计带来的错误判断；在审计证据上，大数据时代的审计证据呈现出充分性、相关性和可靠性；在审计风险上，与传统审计风险不同，需要建立新的审计风险模型进行分析；在审计成果运用上，可以根据数据分析得出的结论指导被审计单位的日常工作。

（2）大数据审计的技术方法研究

章轲、张冬霁等（2018 年）认为开展大数据审计要做到三个把握，一是把握大数据审计是国家审计机关顺应社会主义新时代发展规律、实现自身跨越式发展、助推国家治理现代化的必由之路。二是把握大数据审计具有环节、主体、关系、目标、行为 5 个特征。三是把握大数据审计带来的变化，审计理论、审计法规、审计管理、审计技术、审计安全理论等都需要创新发展。

王新颖（2021 年）介绍了大数据政府审计覆盖面全、深度深、效率高的特点，在此基础上架构了大数据环境下政府审计框架，从审计项目的组织与实施、数据采集与预处理、数据综合分析、数据可视化、重点核查及审计成效层面阐述了大数据环境下政府审计的实施要点。

邱灵峰、黄荣（2021 年）认为构建大数据审计平台可以解决各级审计机关建设大数据平台的不平衡、不兼容、不共享问题，可以围绕基础功能服务系统、实施作业系统、数据中心和基础服务保障体系几个方面去加强建设，构建中央和地方集中统一的大数据审计平台。

程洁（2021 年）认为在“互联网 +”和大数据的背景下，建设审计业务系统很有必要，可以从审计业务管理、审计数据分析、审计定性法规库建立三个方面开展。

赵丹（2021 年）描述了大数据的概念和 4V 特征，阐明了大数据时代对审计的要求，包括改变审计目标、内容、思维及技术，并讨论了大数据技术在审计领域的应用，大数据技术可以实现对海量数据的挖掘分析得出数据信息的规律、可以实现实时风险预警、多域数据的融合分析，促进大型审计团队、促进数据分析模型和审计专业软件开发、促进云审计的发展。

宋秋月、吴侃侃（2021 年）认为大数据审计可以通过海量的数据来验证审计材料、可以借助先进的技术来赋能审计流程、可以使用平台软件来扩大审计的范围，具有较高的审计价值。实施大数据的路径可以从转变传统审计工作思维、健全审计数据获取机制、注重优质审计人才培育等几方面进行。

徐超、陈勇、葛红美、何炎祥（2020 年）介绍了大数据审计的采集、存储分析及可视化技术，概括了基于区块链技术基础的大数据审计方法研究，同时以大数据审计在蓝天保卫战审计、扶贫审计中的运用为例，介绍大数据技术在具体审计项目中的应用方式。

胡家奇（2021 年）认为大数据将导致审计工作发生三方面的变化，审计方法、实施方式、组织模式均会发生变化。要做好大数据审计，就要做好数据采集、数据存储、数据清理、数据分析四方面的审计技术准备。

王彪华（2020 年）根据“大数据审计理论与实践研究”专题研讨会上的内容归纳出目前大数据审计所取得的成果及大数据审计流程，总结出大数据在政府审计中应用领域广泛，并从机器学习算法、非结构化数据分析技术、可视化分析技术等六类大数据技术角度论述了新技术是如何应用到政府审计之中。

（3）大数据审计存在的问题及对策研究

陆高明、赵邦芳、鲁大海（2019 年）认为，在当前的大数据时代环境下，国家审计开展大数据审计还存在着七个方面的问题，分别为：大数据审计观念还未完全树立、顶层设计还不完善、分析挖掘技术单一、审计综合分析平台还未建成、复合型人才匮乏、数据信息孤岛仍然存在、实战培训不足，针对上述问题，提出了树立大数据审计理念、拓展数据利用的技术和方法、优化审计资源统筹、探索大数据前沿技术、多渠道培养大数据审计人才等加快推进大数据环境下国家审计的对策建议。

王恺（2019 年）认为大数据背景下审计全覆盖面临着缺乏有力法律保障、缺乏数据安全保障、缺乏相应专业技术人才、缺乏组织管理经验及成功范式等挑战，可通过修正顶层设计、推进大数据审计数据库平台建设、打造新型人才培养模式来优化大数据助推审计全覆盖路径。

林俊杰（2021 年）提出大数据时代下政府审计存在制度保障与法律准则不完善、传统审计技术与云计算、物联网技术不匹配、互通共享的审计大数据平台建设不健全以及专业复合型人才缺失等问题，大数据时代下政府审计创新发展的对策为可以通过进行制度完善、平台建设、团队优化、理念转变、审计方法及流程创新等方法进行创新发展。

龚靖祎（2021 年）认为大数据审计仍然存在人才匮乏、技术有风险、法律制度不健全等问题，优化大数据审计可以从坚持传统审计与大数据审计并行并重、大力培养专业化大数据审计人才、出台完善大数据技术应用规范几方面进行。

陈赵苗、裴潇（2021 年）认为大数据给审计带来了挑战，表现在对审计人员的要求更高，审计人员需要具备专业的信息甄别和分析能力，还要掌握信息技术、数学、审计方面的知识；同时部门与部门之间仍然存在信息孤岛现象，审计数据采集还存在一定阻碍；采集到的数据的安全性和质量需要进一步保障。应对挑战的措施有转变思维模式，培养大数据、云技术和互联网思维；构建云审计平台，对各类资源进行收集整合；加强数据管控，强化信息系统安全防护，建立分级保护制度，规范数据保管使用行为。

徐超、陈勇（2021 年）以医疗保险基金审计为研究案例，从案例出发分析大数据技术在审计项目运用中存在的问题和不足，分别为数据的真实和完整性难以保证、大数据审计平台的算力不足、非结构化数据处理能力不强、统一的大数据审计框架还不完善、大数据审计复合型人才有待培养。对此，可以从结合区块链技术保障数据的完整和真实性、利用异构计算提供审计平台的算力、结合专家系统提示非结构化数据处理能力、构建定制统一的大数据审计平台、通过政策引导及典型案例结合促进大数据审计人才培养等几方面进行优化，从而提高大数据审计的发展水平。

（4）大数据审计实务应用研究

目前，在审计署的带领下，大部分省市审计机关都已经开始了大数据审计的探索和实践，积累了丰富的实践经验。一是重视数据归集。山东省审计厅对财政、税务、金融、企业和社保五个行业的系统数据进行了归集，并使用虚拟化桌面云技术建立数字化审计实验室开展数据分析。二是搭建审计平台。湖北省审计厅建立了涵盖“一大网络、三大中心、六大系统”的大数据审计平台，以政务外网作为数据获取的重要来源，以交换中心、数据中心与数据备份中心作为数据存储交流的平台，以 OA 管理、AO 实施、联网分析、结果分析、风险监控等系统及网上审理软件来进行数据分析和管理。三是进行项目实践。四川省审计厅、江苏省无锡市审计局均在审计项目中进行了尝试，通过构建审计模型，对数据进行查询分析，或取得互相关联的外部数据进行关联比对以及运用 GIS 等软件数据查看地理信息等方式筛选审计疑点，开展审计核查。

（二）效能监察研究状况

首先，关于建设服务型政府进程中对行政效能要求的研究。梁楷认为，服务型政府要以公众为导向，强调提供公共服务的回应性，以公众的满意度作为评价服务水平的标准。通过提升行政效能，加强对政府在具体公共事务管理中的监督，能够更好地为公众关心的政府绩效提出客观的评价结果和切实的改进措施。阮佳佳认为，建设服务型政府，加强行政效能建设是前提，通过解决因市场的无序竞争和信息失灵等问题，增强政府的执行力和公信力。余瑞娟认为，建设服务型政府，提高行政效能是突破口，在职能明晰且具有强有力的责任体系保障下的服务型政府是一个高效能的政府。总之，学者们普遍认为，行政效能是服务型政府的一个重要因素，提升行政效能是服务型政府建设的题中应有之义。

其次，关于行政效能监察范围和性质的研究。曹萍认为，效能监察的内容有广义和狭义之分，狭义的行政效能监察主要是针对是否贯彻执行国家大政方针政策，是否依法、高效履行职责，是否提升了公共服务的质量和水平，是否实现了社会公益的最大化。仟萌认为，行政效能监察就是由行政监察机关依法对承担公共事务管理职能的组织及其工作人员行使行政权力过程中的效率、效益问题进行的监督、检查活动。行政效能监察制度就是关于行政效能监察的各种制度的总称。孙晓峰认为，行政效能监察是一种包括多种监督检查手段和惩处方式，并要求达到合理、高效履职的“整体性”的监督检查行为。可见，尽管论述的侧重点不同，但都强调行政监察的基本意思是对行政管理活动效能的监督和控制。

再次，关于行政效能监察实际运行状况的研究。陈晨认为，行政效能监察的方式主要包括效能投诉受理、专项执法监察、效能（评审）考评和行政问责四种。刘德镇认为应建立健全效能规章制度，通过建立高效、透明、规范的权力运行机制，逐步形成用制度规范行政行为，按制度办事，靠制度管人的长效机制。张俊峰指出当前行政效能监察工作中面对的主要问题是责任追究，完善的行政效能责任追究制度可以加强对行政机关在行政、法律和经济等方面的有效制约。这些研究，为探索行政效能监察的完善对策提供了重要启发。

（三）审计监督与效能监察协同研究状况

关于审计监督与效能监察协同（又称“双效监督”）的研究较少，且研究对象集中在高校与企业。

饶峰生（2012 年）对 NY 公司公路机电工程项目双效监督整合的案例研究，通过对 NY 公司公路机电工程项目进行案例分析，得出如下主要研究结论：（1）双效监督整合是企业控制权理论和内部控制理论的内在要求。（2）双效监督整合是反舞弊监察审计政策的外在要求。（3）双效监督整合的总体思路是：以事权和财权为界，以事责和财责为限，审计和监察各司其职，而又协调配合，形成效益审计和效能监察良性互动和无缝对接的监督体制和运行机制。（4）双效监督整合的实施要点包括：监察部门主要负责检查业务活动是否合法、合规、合理和及时，负责评价相关经营管理者在业务活动中的责任，即“事责”；审计部门主要负责审查财务活动是否真实、合法，负责评价财务活动中各相关责任人的责任，即“财责”；审计和监察部门共同负责对经济性、效率性、效果性的评价，监察工作可以适当向财务活动延伸，审计工作可以适当向业务活动延伸。（5）双效监督整合的运行机制是：从双效监督整合的计划、实施、检查到改进的一个闭环过程。NY 公司的案例分析说明，将监督资源合理分配至“事权”的效能监察和“财权”的效益审计，有利于充分调动内部资源，实现内部监督的最优化。

何涛（2015 年）、周箭（2019 年）等对高校纪检监察与内部审计工作的协调配合进行了研究。

李冬梅、夏午宁（2018 年）对高校纪检监察与内部审计协同运行机制进行了研究；刘晓宾（2020 年）对高校纪检监察与审计协同监督体系构建进行了研究。

梁小婉、林敏（2021 年）对大监督体系下高校内部审计与纪检监察的联合协同创新进行了研究。

第三节 研究目的及意义

一、研究目的

就审计监督与效能监察的整合即审计监督与效能监察协同问题进行了探

讨，本书的研究目的在于：从当前社会面临的重复检查和多头监督的现实以及监察和审计人员在实务工作中遇到的困惑出发，深刻领会和仔细比较审计监督与效能监察的相关政策法规的内容，为审计监督与效能监察的整合即双效监督整合寻找可靠的政策法规依据；分析当前科学技术水平的提升，硬件软件的飞速发展现代化情境下的审计监督、效能监察及审计监督与效能监察协同，为审计监督与效能监察协同在实践中的可行性提供了有力的支撑；为审计监督与效能监察协同发展扫清障碍。形成有关审计监督与效能监察协同的总体思路、实施要点、运行机制以及效果评价等观点，建立健全审计监督与效能监察协同的发展路径，丰富审计与监察理论的发展。构建统一的审计监督体系，解决审计署职责和权力的日益扩大，与审计监督体系和资源的不足这一“审计全覆盖”推行过程中的主要矛盾，从而推行“审计全覆盖”、提高我国审计监督整体效能。

二、研究意义

（一）审计监督与效能监察协同是社会经济发展的迫切需求

目前，我国正处于经济加速发展的黄金时期，但同时也是一个社会矛盾的凸显期，更是一个经济发展方式转变，社会经济转轨的关键时期。长期以来，在我国，由于权力过于集中，加之制度上的空白，使得一些领导出于各种目的，或违背规律，盲目蛮干，想干什么就干什么，愿上什么项目就上什么项目或好大喜功，做表面文章，搞花架子，“形象工程”“政绩工程”一个接着一个，导致脱离实际，国家大量的资金被白白无效地消耗掉了或因循守旧，不思进取，甚至滥竽充数或只看眼前，不思长远，畸轻畸重，忽视协调。还有些人认为，反正是政府的钱，不花白不花，把政府的预算资金当成了一块块的“唐僧肉”，同时由于监管上的缺失或者体制制度的漏洞，违反规定、玩忽职守、漫不经心、肆无忌惮、任意妄为等情况时有发生，国民经济发展中更是长期存在着高速度低效益或重速度轻效益问题，人们对国民经济发展中的低效益不讲效益，熟视无睹或习以为常，等等。开展政府审计监督与效能监察协同能够在解决这些问题和矛盾以及寻找出路方面发挥出极其重要的作用。

（二）审计监督与效能监察协同是突破传统审计局限的有效途径

由于当前政府管理体制还存在着很多漏洞，以会计假设为基础的会计理论和会计原则受到了严峻挑战。如果审计工作仅仅局限于既有的会计政策和财务制度展开，由此得出的真实合法性审计结论也往往是有局限性的。以财政资金审计为主线的国家审计，如果只检查政府机构及项目的财务收支和预算执行情况的真实性和合法性，只关注预算安排的资金是否真实、合法地被花掉了，而不检查政府机构的工作目标，评价其工作的经济、效率和效果，那么，这样的审计活动就偏离了审计的根本目的，审计的实际价值就会大打折扣。

（三）审计监督与效能监察协同是充分利用政府财力的需要

近几年来，我国政府都要用大量的资金投在扩大内需、保护环境、民生民本及“三农”问题等建设上，投入资金是否达到了预期效果，是否保证了国民经济及社会可持续发展，这就需要通过开展绩效审计进行综合分析和评价，不断探索最优方案，以期充分利用资源，提高资金使用效用。

（四）审计监督与效能监察协同是科学发展观赋予审计的新要求

新形势下，大数据技术正在深入影响着政府、社会的运行方式，大数据已逐渐成为一种战略化的资源和社会化的资产，并不断渗透到政府治理的各项具体事务中，大数据治理已被国际上越来越多的国家提升到了国家战略层面。因此，研究大数据思维和我国政府治理现代化问题，将有助于了解大数据技术的基本特性和政府治理现代化的内涵，有利于加快我国政府治理理念的转变，探索大数据技术对我国政府治理范式创新的影响，推动政府应用大数据技术系统性地实现在治理结构、治理机制、治理职能、治理工具、治理能力、治理评估等方面现代化水平的全面提高。新时代的审计工作，必须揭示行政不作为、乱作为等问题；必须揭露查处重大的损失浪费、污染环境，威胁国家经济安全等问题；必须揭示重大的体制性障碍、制度性缺陷和管理漏洞等问题。以期促进问责机制的健全、促进提高行政效能、促进深化改革、促进领导干部树立科学的发展观，从而推进生态文明、节约型社会的建立，推进机制制度的完善。

第二章　相关概念与理论研究基础

第一节　审计相关概念与基本理论

一、相关概念界定及特征

（一）审计

审计是一种独立性的经济监督活动，是指审计机关依法独立检查被审计单位的会计凭证、会计账簿、财务会计报告以及其他与财政收支、财务收支有关的资料和资产，监督财政收支、财务收支真实、合法和效益的行为。《审计法》明确规定，国家实行审计监督制度，并对审计对象、审计机关职责与权限、审计程序、被审计单位实施内部审计等作出明确规定。国家审计监督的对象包括国务院各部门和地方各级人民政府及其各部门、国有金融机构和企业事业组织等单位。监督内容主要包括贯彻落实国家重大经济社会政策措施情况，预算执行情况和决算以及其他财政财务收支情况，政府投资和以政府投资为主的建设项目的预算执行情况和决算，国有资源、国有资产，以及国家机关和依法属于审计机关审计监督对象的其他单位主要负责人经济责任的履行情况等。内部审计①一般是指被审计单位对本单位及所属单位财政财务收支、经济活动、内部控制、风险管理等实施独立、客观的监督活动。在审计过程中，根据工作需要，可以聘请具有与审计事项相关专业知识

---

① 内部审计的概念源自2019年《审计署关于内部审计工作的规定》。

的人员参加审计工作。

（二）大数据

1. 大数据概念

大数据作为近年来出现的热点，正与人们传统的观念进行着激烈的碰撞。不同领域的学者从不同的视角出发均对大数据进行了深入的研究，但对于大数据概念的界定，目前仍没有统一的标准。

从定性研究方面来看，如百度百科认为大数据为巨量资料，无法在有效时间内通过传统手段或主流工具使数据得到采集、处理和管理。维基百科认为大数据是运用常规软件来采集、处理和分析数据所占时间超出能够忍受时间的数据集成。Gartner 认为大数据是一种新的信息资产，主要特点是高增长率和海量。互联网周刊认为大数据是一种对海量数据进行采集分析，从而获取价值，提供服务的方式方法。

从定量研究来看，国际数据公司（IDC）认为大数据一般指 2 种或 2 种以上数据形式，超过 100TB 的高速、实时数据流；或者是从小数据开始，但数据每年会增长 60% 以上。总之，通过对当前各种大数据的定义分析来看，技术条件对于庞大数据集的难以处埋性或应对性，成为各种定义偏好的侧重点。

2. 大数据的基本特征及关键技术

通过研究，较为公认的大数据有四个基本特征，被称之为“4V”特征：Volume，指数据体量大。一般规模要超过 TB 级以上，有的超过 PB 级，甚至超过 ZB 级。例如 Google 公司每月处理的数据量超过 400PB。Variety，指数据类型多。大数据的来源非常广泛，理论上几乎涉及客观世界的所有人、机、物，目前除了以文本为主的结构化数据外，网络图片、影像、影音、地理信息等非结构化数据，已占整个数据量的 80% 以上，因此数据处理和分析的方法也非常多样，例如数据聚类、分类、关联分析、深度学习等方法。Velocity，指处理速度快，如今互联网上每秒产生的数据量比 1990 年整个互联网所存储的数据量还要大，如果不能及时处理，部分数据将变得无效。Value，指应用价值大，通过对海量数据之间的相互作用的分析，能够获取很多有价值的规律，指导工作生活中方方面面的实践。

另外，随着大数据在经济社会发展中的广泛应用和受关注程度的提高，其自身的安全问题也日益突出，并极易成为黑客或不法分子攻击的目标，使数据信息或敏感隐私泄露。由此看来，大数据还应包含另外一个重要特性Vulnerable，即易受攻击性，构成“5V”特性（Volume，Variety，Velocity，Value，Vulnerable）比较合理，这5个“V”共同作用，构成了大数据的基本特征体系。

在具体的实践中，大数据不仅需要硬件支持，同样也需要软件支持，是一项非常复杂和系统的工程，涉及通信、网络、计算机科学、数据库等多个领域。大数据的关键技术主要包括数据感知技术、数据预处理技术、数据存储技术、数据分析技术、数据可视化技术以及数据安全保护技术六部分。

（1）数据感知技术

大数据应用的关键，就是从巨量的无序的数据中，通过相关性分析来获得具有价值的数据信息。大数据的来源主要有三个方面：一是人们通过互联网活动所产生的数据以及留下的活动痕迹并常用的感知技术有网络嗅探、网页蜘蛛等；二是各种计算机平台或系统产生的数据如日志数据等，常用Scribe、Kafka等开源的日志收集系统来收集数据；三是各种数字设备记录的数据，例如传感器、RFID、GPS、BDS等设备记录的数据，不但包含有实时的流数据，也有类似产品交易信息的非实时数据，针对这些数据，可以用数据流处理系统、模数转换器等来感知和取得。

（2）数据预处理技术

在纷杂的大数据源中除了同构数据之外，还存在着大量的异构数据，因此目标数据常会受到噪声数据的干扰，为确保大数据质量，需要对原始数据进行数据去噪、数据集成、数据规约与数据转换等预处理工作。常用的去噪技术有数据一致性检测、噪声识别与平滑处理等。数据集成是指通过数据仓库技术等把不同来源、不同格式的数据集中成统一的数据集。数据规约是通过数值规约、数据压缩等技术对数据进行集约式处理。数据转换是将不同表示形式的数据转换成趋于一致的表示形式的数据。

（3）数据存储技术

目前，大数据存储形式主要包括：分布式文件系统、传统关系型数据库、非关系型数据库和数据仓库。分布式文件系统的文件在物理上被分散存储在不同的网络节点上，逻辑关系上还是一个完整的文件，例如Google的GFS等。非关系型数据库能够解决海量数据集合多重数据类型存储的问题，不用提前定义数据结构，可以根据已有数据的需求自由定义，例如 NotOnlySQL，NoSQL 等。数据仓库主要是通过 ETL 等技术从操作型数据库中抽取集成的海量数据进行分析处理和存储，但不参与具体业务数据操作。

（4）数据分析技术

针对已知数据信息采取的大数据分析一般运用分布式统计方法来实现，使用聚类分析、差异分析等统计算法进行分析和解释。例如基于 R 语言的分布式计算环境 RHIPE 比较常用。针对未知数据信息的分析一般通过数据挖掘等技术来实现，主要是挖掘隐藏在海量数据中有价值的信息，常见数据挖掘方法有预测估计、相关分析等。

（5）数据可视化技术

大数据可视化技术主要是将数据以可视的图像形式呈现出来，满足对大数据分析结果直观的诠释，并便于通过人机交互对数据进行处理。大数据可视化技术有别于传统的数据可视化技术，能够从多个数据源提取多种类型数据进行可视化处理，而且能够进行实时数据处理和交互式的数据处理，不再局限于传统数据可视化分析的单一类型的静态的数据处理。常见的大数据可视化处理工其有 Datawatch 等。

（6）数据安全保护技术

受大数据所创造的价值及利益影响，大数据的安全保护逐渐遭遇严重的威胁和挑战。由于大数据类型纷杂，而且大量数据源并不完全可信，因此传统的信息安全技术难以对大数据起到有效的保护。尤其是针对大数据的有效性、安全性和整体性。一般通过数据冗余技术，解决大数据有效性问题，通过数据校验技术来解决大数据整体性问题，通过访问控制和安全审计技术来解决大数据的安全性。

3. 政府治理概念

“治理”一词长期以来主要用于与国家的公共事务相关的管理活动和政治活动中。从一般意义上讲，政府治理是指政府行政系统对社会公共事务的治理。在市场经济运行机制变幻莫测的条件下，尖锐的社会矛盾迫使社会结构不断调整，加快要求政府治理向科学化和高效化转变，因此必须重新定位国家与民众、政府与社会的关系，构建政府与社会从及民众多元协同合作的共同治理机制。

4. 政府治理与政府统治、政府管理的区别

治理内涵与统治以及管理之间的区别越来越大。统治往往体现的是权力的由上而下的垂直单向运行；管理对应的是权威的作用，以及成员的参与，是权力在上下级机构间双向运行的线性活动；而治理是要求权力进行网络状运行，是多向的相互运行。从本质上讲，治理可以被看作是统治和管理随着社会变革而与时俱进的一种新形式。治理理论提供了一种理念，需要理论与实践的结合，从理论坐标上指导实践，并从客观实践中提炼理论，进而获得新的见解。

政府治理与传统的政府管理的关键区别主要是包括权力配置和行为方式的一种深刻的转变，重点强调多元主体管理，民主、参与式、互动式管理，而不是单一主体管理。表现在：

①权力主体的区别。政府管理主体是单一的政府或其他国家公共权力机关；政府治理的主体则是多元的，政府、社会及公众都能够做治理主体。

②权力性质的区别。传统的政府管理大多是强制性的；政府治理更多是协商的。

③权力运行维度的区别。传统的政府管理的权力运行方向是垂直向下的；政府治理的权力更多是平行的。

④权力边界的区别。政府管理的边界通常是政府的行政权力能够触及的范围；政府治理范围则以公共领域为界限，后者的范围包含前者。

5. 政府治理现代化

在政府治理现代化中，政府和社会共同构成了多元的主体，因此治理的对象既包括社会，也包括政府自身。政府治理现代化应该是包括政府治理结构、政府治理机制、政府治理职能、政府治理工具、政府治理能力、政府治理评估六个方面的系统而全面的现代化，政府治理现代化主要有以下特征：

（1）多元的治理结构，从“单一”走向“多元”；从“垂直”走向“扁平”。政府治理现代化需要改进新的治理结构，强调多元的权力中心共同参与协作治理。市场以及公民社会的主动性、创造性需要不断彰显，政府传统的垂直式的统治模式将向扁平式的治理模式转变，以民主、合作为基础通过谈判协商而达成社会秩序。

（2）规范的治理机制，从“封闭”走向“透明”；从“人治”走向“法治”。政府治理需要以开放的姿态为前提，然后才能正确认识现代化的

理念，逐渐摆脱彼此封闭的部门壁垒，互通信息、共享资源、积极推进政务公开和行政透明。另外积极建章立制，依法行政，避免出现以少数人的主观意志来左右行政决策，祛除“人治”的环境与土壤，确保政府治理的法治化，并促进法律至上的现代化。

（3）服务的治理职能，从“全能”走向“有限”；从“管制”走向“服务”。要认真剖析“全能型”政府“事必躬亲”“全包全揽”的问题，真正发挥治理作用，把属于市场的交给市场，把属于社会的还给社会，限制政府权力侵入和控制社会的每一层面，努力转型发展为“有限型”政府，保护公民的合法权益。根据经济社会的现代化发展需求，政府应减少对治理区域实行全面管理与控制，加强研究社会和市场的真实需求，向市场放权、向社会分权，增强服务意识，切实转变职能，构建“服务型”政府。

（4）现代的治理工具，从“强制”走向“协作”；从“经验”走向“数据”。政府治理工具是指政府为了解决公共问题而采用的行动机制。传统政府治理的主要目的在于通过强制性的手段来管控社会，而现代化的政府治理是指政府更多地依靠市场机制和自愿组织来解决政策问题，实现行政目标，重视的是社会组织、公共机构、企业和民众的相互协作。充分发挥信息技术、大数据技术等新技术的作用，不断优化信息工具，将数据作为政府决策的重要支撑依据，以减少传统政府通过经验判断进行决策而带来的诸多问题，使政府决策更加科学有效。

（5）高效的治理能力，从“粗放”走向“精准”；从“被动”走向“主动”。提高政府的治理能力应充分发挥政府在社会治理中的引导和统筹作用，通过定向治理，靶向发力，畅通群众利益诉求表达机制，落实好政府治理目标，维护人民群众的最根本权益。政府应提高及时预防突发事件发生和化解社会问题的能力，转变传统政府“事后处理”的被动局面，坚持预防为主、调解优先，积极研究各种调解措施，建立通畅的诉求表达机制，主动进行心理干预，及时将矛盾化解在萌芽状态。

（6）科学的治理评估，从“定性”走向“定量”；从“定时”走向“实时”。对政府治理现代化的成效进行评估，除了传统的“定性”分析外，更加需要把政府法治建设、改革创新、危机应对、制度建设、科学决策等方面的能力进行“定量”分析，并对上述能力的次级指标赋值，形成一套包含评估一般指标和评估细化指标的评估体系。另外，由于政府治理过程是实时的，所以，科学的评估机制是对治理主体在治理过程中的所表现出的能力进行评估，是对治理过程的评估。

6. 大数据影响下的政府治理现代化

大数据时代的政府治理现代化将在新公共管理、整体治理、数字化治理、网络化治理等多种治理理念的基础上，以“智慧化”重新塑造政府治理范式。

在大数据时代，首先，通过运用数据技术对海量的政务运行数据和社会民众行为数据进行分析，使杂乱的数据经过处理产生有价值的规律；其次，政府重塑治理结构，鼓励多元主体协作共治，运用大数据技术推进精准化决策和人本化的公共服务，加强大数据在网络监察、危情监控等公共领域对数据的应用，提高政府对公共危机的应急能力。基于大数据的政府治理现代化主要有以下基本表现：

（1）感知化。主要是指数据源获取进一步便捷。传感器设备与各种人和物相互连接，促成人们活动行为的普遍感知，使得人们更加便捷、及时地感知到客观世界。目前已经有大量的摄像头、感应终端等设备、智能电表被应用到人们平时的生活中，实时监测着各种反映活动痕迹的数据信息。在公共管理中，例如交通事故救援，交通检测器全天候监控着车流、人流、路障、拥堵等数据，并随时监控车祸的发生，以便交通管理部门迅速采取应急预案，保障人民群众的生命财产。

（2）数据化。主要是指数据信息存储、分析、展示方式的变化。移动电话、手提电脑、4G 网络、数据中心云平台等设备的应用已经在人们的日常生活中随处可见，人们的工作、生活、出行、就医等行为都以数据的形式被记载和运算处理。文字、图片、视频、音频等半结构化、非结构化数据可以同时存储和处理，政府可以通过这些数据进行科学决策，企业可以通过这些数据调研市场、监控生产状况，公众可以利用这些数据丰富自己的生活，提高生活质量。

（3）智能化。主要是指数据使用方式的智能。当海量数据能够被实时处理分析时，便会产生智能作用，指导社会实践。在云计算技术的创新突破之下，分布在四面八方的电子传感器设备，互联互通形成一个整体的网络，不同地域、不同产业领域的海量的数据被集中存储，进行处理、推测和判断。智能化能够使冷冰冰的设备和机器可以通过对数据的处理分析而拥有

“思想”。大数据等技术可使政府减少工作人员数量，更加科学、准确地获取反映人们生产、生活情况的数据，对社会活动进行多维度、多层次的了解和观测，挖掘海量数据中反映的生产和生活中的规律，为科学行政提供有力的技术支撑。

（4）服务化。指的是政府治理能力的提高和治理目标的转变。基于大数据技术的政府治理是在合理分配社会资源、充分发挥市场作用、提高公共服务能力的基础上，利用高新技术创新，实现服务型政府的过程。广大公众及社会组织的需求日益重要，政府逐渐由行政主体向服务主体转变。利用大数据技术能够增强公共服务手段，监控公共领域中的风险，分析公众的行为喜好，预测事物的发展态势，有针对性地提升各项服务。

（三）大数据审计

信息技术的发展使得大量的数据不断地重叠、被记录，对数据的整合与应用需求促进了大数据技术的发展。从表 2.1 列出的三种定义中，我们可以看出，大数据时代的到来带来了两个重要的变化：一是数据量的爆炸式增长，因为“一切都被记录，一切都被数字化”。二是数据来源多样化，包含大量的结构化数据、非结构化数据和半结构化数据。表 2.1 中定义更多的是基于大数据的技术特征、处理方法和应用价值的视角来说明大数据的重要性，强调其数据的多样性和特征的复杂性，而随着大数据对实际生活和工作产生的影响越来越深刻，对于大数据的研究视角也随之增加。

表 2.1　大数据的定义

视角	定义	来源
基于大数据的技术特征和处理方法	大数据是指超出人类在可接受时间下的收集、使用、管理和处理能力的巨型数据集	维基百科
	大数据指的是体量超出常规的数据库工具获取、存储、管理和分析能力的数据集	麦肯锡公司
	大数据是指容量巨大、种类繁多并可快速生成的信息资产，它需要新的处理模式以确保具有更强的决策力、洞察力和处理能力	Gartner

杨善林、周开乐（2015 年）就基于大数据的资源观和管理的视角提出

大数据的定义：大数据是一类能够反映物质世界和精神世界运动状态和状态变化的信息资源，它具有复杂性、决策有用性、高速增长性、价值稀疏性和可重复开采性，一般具有多种潜在价值。

陈伟（2019 年）指出“大数据审计是随着大数据时代的到来以及大数据技术的发展而产生的一种新的计算机审计方式，其内容包括大数据环境下的电子数据审计和大数据环境下的信息系统审计两方面”。电子数据审计的对象是被审计单位内部控制及信息系统存储和处理的电子数据，信息系统审计的对象是存储和处理电子数据的计算机信息系统。当前，“大数据技术的快速发展引发了审计方式与模式的变革”，政府和学术界均高度重视大数据技术在审计中的应用。在此背景下，学者们从各个方面研究大数据审计的相关理论、管理、技术与安全等问题。大数据等信息技术的迅速发展和在政府审计中的应用，从审计模式、审计效率等各个层面给传统政府审计工作带来了巨大的改变。刘瑞华、林琳（2020 年）认为这些变化主要表现在以下两个方面：一是推动了审计模式的重大改变，包括审计对象内容的变化、审计组织形式的转变、审计人员思维方式的转换；二是促进了审计全覆盖的进程，而大数据技术的运用将有助于从审计广度和深度的拓展、审计效率的提升方面全面覆盖审计监督。审计环境一方面制约着审计的创新，一方面促进了审计的转变与发展。蒋红兰（2019 年）指出大数据背景下政府审计的特点：一是审计范围更广、时效性更强；二是审计程序简化，不再进行抽样和函证；三是固有风险增大，数据风险和业务风险的控制难度增加。实现审计全覆盖，既是经济社会发展到一定阶段的必然要求，客观上也对进一步创新大数据审计方法和优化审计平台提出了更高要求。2015 年 12 月 8 日，中共中央办公厅、国务院办公厅颁布的《关于实行审计全覆盖的实施意见》中提到“创新审计技术方法是实现审计全覆盖的一个重要手段，要求构建大数据审计工作模式，提高设计能力、质量和效率，扩大审计监督的广度和深度，同时，探索建立审计实时监督系统，实施联网审计”。陈骏、时现（2018 年）指出审计环境变迁要求审计监督实现全覆盖，那么审计机关就需要借助信息化技术创新审计技术方法。但是在此过程中，可能会出现偏重审计技术方法创新，忽视与审计业务的匹配度、审计组织方式保障等新问题，从而基于审计业务类型、审计组织方式、技术系统性三个方面详细论述了审计全覆盖驱动下的审计技术方法创新实施路径。刘国城、王会金（2017 年）

提出了构建大数据审计平台的一般思路，将大数据审计平台分析为采集、预处理、分析和可视化四个子平台，从方法支撑、过程建模和运行机理等方面对各个子平台作专项研究，为大数据审计实践提供了建设性的思路。

面对日益复杂的海量审计数据，需要借助各类可靠的大数据分析技术进行深入分析和挖掘，高效完成审计信息处理，提高政府审计工作质效。大数据审计的发展离不开先进的大数据分析技术：大数据智能分析技术、大数据可视化分析技术、大数据多数据源综合分析技术等。陈伟（2018 年）研究了基于大数据可视化分析技术的审计线索特征挖掘方法，指出了目前常用审计方法的不足。由于采集的数据中存在非结构化数据和半结构化数据，需要借助可视化分析技术开发新的审计技术方法，根据开展大数据审计工作的实际应用需要提出了基于文本数据分析的大数据审计方法。目前，大数据技术已广泛实际应用于政府审计，并有一些论文对此实践应用开展了相关研究。如彭冲等（2018 年）通过对 X 市路边智慧停车规划与管理活动的研究指出：大数据驱动着审计环境与绩效审计的双向拓展；审计主体上审计机关更适合开展数据式绩效审计；审计对象的变化带来审计证据类别、特征及取证模式的变革。潘琰、朱灵子（2019 年）深度剖析了领导干部自然资源资产离任审计的大数据审计模式结构各要素的大数据特征及其影响的传导轨迹；讨论了大数据平台的架构以及各项核心技术的集成和审计机关内外部协同方式；分析并规划了相应的审计标准和流程。湖北省审计学会课题组（2018 年）以湖北省医保审计实务为例，结合大数据技术构建的医保审计大数据体系，提高了数据的采集能力、处理能力、分析能力，指出大数据挖掘技术方法的使用有利于揭露相关管理问题、发现部分违规行为。

（四）国家审计

1. 国家审计的定义

“国家审计”与“政府审计”均指国家审计机关根据《审计法》等法律法规，对国家机关、行政事业单位和国有企业执行的审计监督活动。根据审计内容的不同，具体分为财政审计（包括预算、决算执行审计等）、项目跟踪审计、企业审计、金融机构审计、经济责任审计、国家重大政策措施落实情况审计以及其他专项审计。“国家审计”与“政府审计”无本质区别。我国早期学术界将国家审计行为称为“政府审计”，是因为早期国家审计机关归属于国务院，隶属于政府部门，不完全构成国家行为。而审计署建立后，其全称为“中华人民共和国审计署”，简称“国家审计署”，因此，国家审计机关执行的审计活动逐渐被称为“国家审计”。目前学术界对两种说法通用。本书统一使用“国家审计”的说法。

国家审计的定义可以从实施主体、实施依据、实施内容和实施结果四方面来理解，国家审计的实施主体是国家审计机关，即在审计署带领下的全国各级审计机关。实施依据为宪法、审计法及相关的配套法律法规。实施内容为对行政机关、国有企事业单位等使用公共资金和资源的行为主体使用公共资金和资源的合法合规性和效益性进行检查和监督。在新时期，审计内容不仅包含了最初的财政财务收支审计，还增加了政策执行情况审计、自然资产离任审计等新兴的审计内容。审计目的是通过发现经济社会运行中的问题和风险，推动问题的整改规范及风险隐患的排除规避，最终实现维护国家财政经济秩序安全稳定运行，助推国家反腐倡廉建设，保障国民经济健康发展的目标。

2. 国家审计的特征

（1）国家审计具有较强的独立性。国家审计在机构设置、工作安排、人事任免及经济运行等方面都展现出了较强的独立性，使得审计工作的开展具备了不受被审计单位和个人干扰的制度基础。首先，国家审计机关是一个独立设置的行政机关，由国务院总理及地方各级政府行政首脑领导，在中央审计委员会成立后，进一步增加了党对国家审计的领导，在行政体系内相对独立。其次，审计机关的工作依据《审计法》及《审计法实施条例》等系列法律法规进行，有一定的法定程序和固定安排，不受被审计单位影响。再次，审计机关的主要领导人事调动是由总理或地方政府提名、全国人大常委会或地方人大常委会任命，且下级审计机关主要负责人调动时需征求上级审计机关意见，人事任免的独立性较高。最后，国家审计机关的运行经费由财政保障，不受被审计单位控制，经济上较为独立。

（2）国家审计具有较大的强制性。国家审计在监督地位、项目安排、审计权限及处理权限等方面都具有较大的强制性。首先，审计机关是依法审计，被审计单位对审计监督工作不能拒绝，社会中介审计和内部审计对审计机关的业务指导和监督工作也不能拒绝。其次，审计工作安排有法定的对象和固定的流程，一般根据自身审计需要及本级人民政府或上级审计机关交办事项确定，不受被审计单位的影响和干涉。再次，国家审计机关在实施审计后，会出具相应的审计报告及审计决定等结果文书，对被审计单位存在的问题进行反映，要求其进行整改规范。同时，对于审计中发现的重大案件线索，审计机关还有权将线索向有关部门进行移送处理。

（3）国家审计具有较高的权威性。国家审计具有较高的法律、行政及监督地位，与被审计单位没有利益合集，因此，审计机关的审计具有较高的权威性。国家审计机关依据我国法律设立，审计监督职能也由宪法保障，法律地位较高。在行政管理上直属国务院总理及地方政府行政首脑领导，新成立的中央审计委员会也由习近平总书记亲自担任主任，在行政机关中地位较高。不仅可以对一般的行政机关及企事业单位进行经济监督，还能对专门从事经济监督的部门进行二次监督，以推动其依法行使经济监督职能。此外，审计机关作为一个只进行审计监督不进行其他生产活动的部门，与被监督对象不存在业务往来及关联关系，没有利益合集，因此，能站在客观公正的角度行使职责，使得审计监督具有较高的公信力和权威性。

（4）国家审计具有较广的覆盖面。国家审计的覆盖面体现在审计范围、审计对象、审计类型及审计层次的多样性。从审计范围来看，国家审计的范围覆盖了资金资产使用、权力责任履行、工程项目建设、政策措施落实等方面，审计范围较广，审计内容较多。从审计对象来看，涵盖从中央到地方的各级政府部门、国有的金融机构和企事业单位组织，审计对象的基数十分庞大。从审计类型来看，审计项目类型从经济运行类到权力运行类到政策执行类全覆盖，审计类型日益丰富。从审计层面来看，国家审计不仅关注到每一个个体单位的问题及风险，从微观上去反映和揭示问题，也会关注到宏观上的总体性、普遍性和共性的问题，会反映表面的执行层面的问题，也会反映深层次的体制机制问题，审计层面较为丰富。

二、理论研究基础

（一）新公共管理理论

新公共管理理论以现代经济学理论为基础，主张将私营部门的管理策略引入公共部门的管理中，提高政府的管理效率和运作水平。新公共管理理论的主要代表人物有奥斯本和盖布勒，他们借鉴美国国内以及国外的经验，为

“新政府”改革提供了十条原则，其中竞争性政府原则以及市场导向的政府原则都强调市场机制的作用，即引导公共项目，提高政府的效率和透明度。经济合作与发展组织认为新公共管理的内容有：

（1）更加关心服务效率、效果和质量的结果；

（2）用分权管理取代原来的高度集中的等级制，促进资源的合理配置；

（3）灵活地选择成本效益比较好的方法，引入市场机制来代替原来的政府直接管制；

（4）关注公共部门的服务效率，引入竞争机制，加大部门之间的竞争；

（5）强化国家的核心战略，引导国家战略能灵活、高效、及时地对外界环境的变化作出反应。

从经济学角度分析新公共管理理论。政府干预可以有效缓解市场失灵，但是政府政策如果脱离公共利益也会出现政府失灵。过度的政府干预不仅不能弥补市场缺陷，反而会出现新的问题。在这样的背景下，公共管理理论主张用市场去调节政府失灵，克服政府不足。将市场机制引入政府管理是新公共管理理论的重要表现。新公共管理理论所倡导的经济性、效率性和效果性与政府绩效审计的实质两者相吻合，两者都是经济发展到一定阶段的表现，政府为了更好地促进经济发展进行变革。新公共管理理论不仅为政府绩效审计提供了理论基础，还为政府绩效审计的发展提供了环境。

（二）受托责任理论

受托责任是一种普遍的经济关系，其概念来源于财产权，包括所有权和使用权。受托责任关系一般涉及两个当事人，一个是委托人，另一个是受托人或代理人。委托人将资源的经营管理授予受托人，受托人接受托付后即应承担所托付的责任，这种责任就是受托责任。即委托人代理关系建立以后，作为受托人，就要严格按照委托人的意志完成委托人的托付义务，并向委托人报告受托任务的完成情况，经委托人同意后，受托责任才能解除。《科氏会计辞典》中，库柏和伊民雄治对受托责任的定义是“雇员、代理人或其他人定期报告其行动或行动上的失败，以继续行使委任权力的责任”。美国审计署认为，受托责任是指受托管理并有权使用公共资源的政府和机构向公众说明他们全部活动情况的义务。加拿大审计长公署认为，受托责任指对授予的某项职责履行义务作出回答。我们可以认为，受托责任是指资源直接管理者受托者对资源所有者托付的资源承担有效管理的责任，即资源的受托者负有对资源的委托者解释、说明其活动及结果受托财产的保值及有效增值的义务。

受托人所承担的责任可依据法规、合约和惯例等来加以规范，所以要有衡量委托责任完成情况的标准。受托责任的内容具有可计量性。由此产生的计量指标；既有财务指标，又有非财务指标；既有定量指标，又有非定量指标既有经济指标，又有社会指标。不管受托责任的内容如何规范，所有受托责任的内容都必须加以计量。审计就是管理当局自我认定、自我计量、自我编制的受托责任报告，按照公认审计准则和审计程序的要求，进行重认定、重评定、重判定。

什么是公共受托责任？最高审计机关亚洲组织年第三届大会发表的《关于公共受托经济责任指导方针》的东京宣言中，定义公共受托责任是指受托经营公共财产的机构或人员有责任汇报对这些财产的经营管理情况，并负有财政管理和计划项目方面的责任。同时对公共受托责任的内容作了原则性的解释：一是公共部门和政府追求发展所用开支不断增加，公营企业的发展，地方行政当局自主权的扩大，公共开支成倍增加，使得中央政府和地方各级政府所承担的受托责任的内容和范围已扩大到更为广泛的领域；另一方面，随着社会民主意识的加深，人对提高供应部门的效益和明确支出的受托责任的要求愈来愈高。

社会公众作为委托人，赋予各级政府、政府官员以及公务员设计、执行公共政策和运用公共资金方面的重要决策权，就产生了对公共受托责任的需要，政府权力的行使因公共受托责任的要求而合法。公共受托责任是民主政府的中心，公众给予政治家设计、执行公共政策和运用公共资源的重要决策权力，公民作为委托方，希望避免权力被滥用，希望作为受托方的政府明智、高效地行使公共权力。公共权力是公共受托责任的本源，是公共受托责任的前提和基础。权力的公共性，意味着权力必须用于追求社会公共利益、促进社会公共利益的生产和发展。公民赋予政府管理国家事务的权力，同时对公共受托责任产生需求，希望政府公开解释、说明其使用权力的方式，并且在发生错误时能够及时纠正。这样，公共受托责任具有两个目的：一是政治目的，其核心在于检查政治权力的执行，是一种使权力滥用最小化的机制；另一种是运行目的，其核心在于保证政府运作的有效性和高效率。

（三）权力制衡理论

权力制衡理论是指在权力主体行使权力时，同时有一股能与其抗衡的力量在对其进行监督和制约，确保其廉洁、有序、高效地行使权力，使社会朝着公正合理的方向前进，实现社会的整体目标。权力作为一种重要的社会资源，一旦拥有便拥有绝对的控制权和话语权，强势的地位容易让人产生强烈的占有欲和特权思想，出现滥用职权和腐败的现象，正如早期的资产阶级启蒙思想家们提出的一样，不受约束的权力必然腐败，绝对的权力导致绝对的腐败，道德约束不了权力，权力只有用权力来进行约束。早期资产阶级的思想革命让权力制衡理论深入人心，带动着西方国家走上了分权制衡的道路，三权分立的政治制度一直沿用至今，而社会主义国家基于权力制衡理论建立了具有社会主义特色的“议行合一”的政治制度。不管是三权分立还是“议行合一”，都是每个国家构建权力制衡点的方式。权力制衡看似削弱了权力行使的力度，不利于权力的发挥，但是权力制衡能有效地减弱权力滥用的发生，使权力运行在规范合理的轨道上，从而更高效合理地运行。权力制衡的需要催生了权力监督部门的诞生，审计部门便是权力制衡和监督体系中的重要一环。从 1982 年《宪法》确定在我国实行审计监督制度，到党的十七大明确提出审计机关拥有监督和制约权力运行的权力，审计机关作为权力运行的监督部门在我国的国家治理体系中发挥着重要作用。

要使审计部门的权力监督和制约能力充分有效得到发挥，就要不断提升审计水平和审计能力，提高审计监督效能，使审计机关跟得上权力运作的方式和水平。大数据时代，政府权力运行的方式越来越多地呈现出数字化的特征，数字化政府的建立使权力运行更多以数字化的方式进行。审计机关的审计监督方式也必须进行变革，进行数字化监督，大数据审计便是数字化监督的有效实现路径。权力制衡理论说明了审计监督存在的意义和使命，说明了提高审计水平、优化审计方式的意义，也是本书进行大数据审计研究的前提和基础。

（四）国家治理理论

在我国，国家治理通俗地讲就是国家通过一系列的制度安排和体制机制建设对国家经济和社会事务进行有效的统治和管理，以达到推动经济社会发展、人民生活水平提高的目的，它包括治理的制度和治理的能力。国家审计就是国家进行经济监督的一项治理制度安排。国家审计指国家审计机关依照法律法规规定对行政机关、国有企事业单位等主体进行审计监督的行为。国家审计是一项治理制度，这项制度的实行能推动国家治理能力的提升，助推国家治理目标的实现。

2013 年，世界审计组织第 21 届大会明确了最高国家审计机关的使命和目标是“促进良治”，由此开启了现代社会国家审计机关服务国家治理新使命的篇章。随着我国国家治理现代化目标的提出，审计机关的目标也调整到提高审计监督效能，助推国家治理现代化的终极目标之上。这种作用主要通过推动制度完善、强化责任落实和规范权力运行三个层面来实现。推动制度完善，即通过从体制机制上进行深层次挖掘，揭示体制机制和管理制度上的漏洞缺陷，提出相应的建议，推动被审计单位或有关部门制定、修订相应制度，推动国家完善各项政策落实、健全体制机制建设，从而实现国家各项制度的健全和完善。强化责任落实，即通过对各种使用财政资金的单位、个人的审计，查看其使用国有资金、国有资产实现经济社会管理及发展的情况、对政府受托责任的履行情况，揭示责任履行中存在的不到位、不规范现象，提出审计建议，促进被审计单位的责任履行。规范权力运行，即在审计项目中对权力运行情况进行审计，关注权力运行是否公开透明，是否符合法律法规规定，有关干部是否依法行使职权，是否存在以公谋私、滥用职权的情况，在审计项目中发现的违规违纪违法线索，审计机关可以将其移送给具有处理权限的有关部门进行处理，如公安机关、纪检监察机关等，从而实现推动权力在公平、法治的轨道内运行，推动国家治理的良治和善治目标实现。

随着国家治理现代化理论的提出，国家审计面临着新要求、新使命和新挑战，传统审计已无法满足国家治理现代化的需求，大数据审计应运而生。本书从国家治理的需求角度提出了大数据审计开展的必要性和紧迫性，大数据审计应用的最终目标是提高国家治理的水平，实现国家治理现代化。

第二节　效能监察概念界定与基本理论

一、相关概念界定及特征

（一）效能定义

“效能”从字面上可以理解为工作中的效率和贡献的才能，是衡量工作是否达到预期目标和结果的标准和依据。在古代效能也有效力、贡献才能的含义，如《尹文子·大道上》中提到“庆赏刑罚，君事也；守职效能，臣业也”。这里的“效能”是指工作履职情况。

行政效能，可以从两个角度理解，一个是行政效率，一个是行政效益。行政效率指在单位时间内完成的行政管理工作总量；行政效益是在履行具体某项行政管理职能后所产生的直接经济和社会利益或产生的社会效应和影响。因此，行政效能是指行政机关在履行行政行为过程中所产生的效率和效益的总称。

（二）效能监察

在我国，尉健行同志在1989年12月召开的全国监察工作会议上首次提出了效能监察的概念。在西方学术界并没有效能监察这个说法，他们将类似的制度实践称之为绩效管理、绩效评估或绩效审计。行政效能监察和绩效管理都是为了促进政府及其部门改善行政管理活动，提高行政效能所采取的监督管理行为。但二者之间在实施主体、监督管理内容、实现途径等方面存在差异。

效能监察存在广义和狭义之分，广义上的效能监察是对能力、效率和效益的综合监察。狭义的效能监察，主要涉及监察对象执行决策以及对执行决策是否能够达到预期目标的监督检查。

效能监察是让行政机关及其工作人员用最有限的行政资源去实现最优的政府目标，以期达到优化资源配置的目的。

行政效能直接反映出政府行政管理工作的完成程度，它与行政效果、行政效益及行政效率等概念有着紧密的关联。行政效率是从量化的角度体现行政效能，它是用管理活动中投入的行政资源与得到的行政效果进行对比，认为在一定时间内，用越少的投入获得较大的成果，行政效率就越高，反之，行政效率就越低。行政效果是从质量好坏程度体现行政效能，它是指行政机关及其工作人员开展行政管理活动所达到的实际成果，主要包括物质成果、精神成果和政治成果等。行政效益是从行政结果对社会产生影响的角度体现行政效能，它是指行政机关开展行政管理工作对整个社会和经济发展所产生的效果，即所起到的社会效益和社会影响。

效能监察的主要特征：

（1）评估性特征

行政效能监察将效能划分为三个考核指标，即：经济性指标、效率性指标、效果性指标，在锁定三个考核指标后，在保证规范有序进行效能监察工作的基本条件下，借助策略调整实现强化效能开展的目的。

（2）价值性特征

行政效能监察的价值特点是将社会公共利益当作是工作的出发点，通过实施行政效能监察督促广大干部勤政廉政，通过完善效能监察相关制度，有效弥补现有的规章制度的缺失，靶向打击侵害“公共利益”的行为，从而完善行政治理体系，实现建设高质量发展的服务型政府的目标。

（3）整体性特征

可以将施行行政效能监察的全过程，按照“一盘棋”的思路，统一落实，统一推进，监察内容包含行政管理工作的方方面面，区别于普通的纪检监察案件的查办和查处任务，效能监察分为专项效能监察和全覆盖效能监察两类，实施效能监察的过程既要对影响要素加以修正，又要对责任主体进行问责处理。

（4）区别性特征

行政效能监察虽然也是监察工作的一种，与执法监察和廉政监察还是有着很明显的区别的。行政效能监察采取监察前、实施中、结束后的全过程监督方式，而且是以行政治理体系和治理行为作为监察客体，从性质、目标、实施方式来进一步差异化其他的监察模式，因此，行政效能监察必须做到定位准确，突出专项。

二、理论研究基础

（一）效能监察具体内容

首先，主要是监察人员在履行工作义务的时候，包括决策监督等环节，进行法定职责的具体效率与能力的监察。

行政决策时，监察机关必须通过开展行政效率与能力的监察，接受各级政府及其部门在行政过程和决策程序的过程中，建立一个完善的公众参与重大决策制度，完善人民的权利和决策的科学合理性，对滥用职权造成不良后果的严惩不贷，严肃法律法规的约束性。

行政效能监察机关在履行公务的时候，相关的法制部门要注意积极有效配合，监督行政部门认真执行相关的法律责任权限，加大对其执行情况的监督，保证行政法可以依法执行公务，对于出现的滥用职权的情况，一定要追究其法律责任，对于出现的违法行政执行行为一定要严惩不贷。

行政监督过程中，要进一步完善对于权力执行方面的监督，逐渐完善制度的约束力，彻底地建立通过制度规范从政行为、依照制度管人、遵循制度办事的有效机制。同时还要在监督上加大力度，避免权力失控和行为违反规范的不良状况发生。

其次，依据政府改进创新的新型管理方式，加强机关政府办事工作作风建设，逐步推广行政工作效率与检查，不断完善行政管理体制，转变政府的职能，以上几点都是为完善社会主义市场经济而服务的，也同样是推进现代化体制建设必不可少的工作。自改革开放以来，为了进一步推进社会主义现代化建设，更好地适应社会发展的需求，政府在自身职能和管理方式上都发生了很大转变，行政效能监察部门也通过创新自身管理方式、转变职能等方式进行了改进。

（1）针对政府转变职能进行行政效能监察工作，对于法律规定的具体约束无条件履行。政府转变职能的重点是强化社会管理和公共服务职能，所以，必须不断对行政管理体制进行改革，对审批制度要进行重点改革，使政府履行职能更加合理。各级地方政府之间互相监督和举报，并积极鼓励对于行政许可法的监督实况反映，以其为重点对政府转变职能开展行政效能监察。

（2）针对创新管理方式开展行政效能监察，解决管理方式方面存在的问题是其工作开展的重点。充分运用监督管理和动态分析等一系列改革方法对行政事务进行管理，合理发挥合同规划等的指导性作用。新时代要进一步推广网上办公，利用计算机信息传播的方便快捷性，把网络办公监察应用到行政事务的管理和建设当中，各个地方政府部门之间信息的共享和有效资源的及时共享是非常重要的。部门越高的行政机关就越要考虑如何完善连续性监督制度，积极寻求上下级之间便于管理监督的新型方式，不断加强对于基层机关的行政监督行为是为了能更好地减少管理成本和改进管理方式，更重要的是为了提高政府的办事效率和方便广大人民群众创造新的监督机制。

（3）就如何改善公务员执行监察工作作风展开。主要是通过对民风民意的了解，针对弊端特征突出的政府部门着重开展行政效能监察工作，根据当地实际存在的问题，结合严格的规章制度，积极处理在行政人员工作作风中露出的弊端，努力改善各级人员工作作风，改善其在老百姓心目中的形象。各级各地政府部门要开展问卷调查，对当地存在严重的行政问题及时处理，不断加大行政效能监察力度，推进行政部门工作作风的逐渐转变。最后就人民群众切身关心的问题和涉及面广的投资建设工程要进行行政效能监察工作。

（4）就执行公开公平公正的发展环境开展行政效能监察工作，为了进一步促进监察对象行政效率的提高，就要求其根据国务院和党中央的指示来进行市场统一建设，保持发展环境的稳定性，防止出现某个行业垄断现象，让市场自己调节内外竞争，加强监管力度，保持市场秩序的稳定运行，让国家的宏观调控发挥出应有的效果，促进经济可持续发展。

（5）就大型的投资工程进行行政效能监察工作，监督地方各级部门对于国家投资体制制度履行的实际情况，必须通过行政效能监察，相关部门和各级政府准确划分出政府应该投资的范围，并进行及时督促，为了防止违例要加强监管，规范地方政府非投资行为。为此，效能监察部门需要做到：

①政府投资项目的款项其实关系到整个国家的经济命脉，因此首先投资要合理化、民主化，完善政府投资体制、耳听八方。

②对于投资项目的过程中不仅要加大对于质量的监管力度，更要注重对于建设资金去向的监督，不断提升政府投资和回报的经济效益。

③对于在职人员的失职问题要进行全方位的监管，对于造成严重后果

的，要进行严厉的责任追究。

(6) 针对热点问题开展行政效能监察。一些政府部门滥用职权损害了群众利益，对于这类问题，监察机关必须通过开展行政效能监察，坚持不懈地完善工作机制，杜绝浮夸风，杜绝流于形式的官腔做作行为，另外，也要注意针对性地开展工作，在落实上级部门命令的同时积极听取当地老百姓的声音，对于倾向性、苗头性及相关问题要密切注意并要及早发现，充分发挥行政效能监察的优势。

(7) 在国家对“三农”问题越来越重视的情况下，如今的农村正面临着新的土地流转承包问题和新农村建设投资问题。特别是现在城市周边的农村，经常出现村干部将集体的土地卖给地产商，而当地农民不愿意，继而出现强拆民房、强毁庄稼，农民以死相拼的恶性事件。而在新农村建设中，一些地方政府的腐败分子利用农民对政策不知情的漏洞，在建设中采取欺上瞒下的手段，将国家投资窃为己有。造成农村新时期的新矛盾，在农村中出现了新的腐败分子。在国家加大行政效能监察时，对于农村这一块也要加强管理。

(二) 效能监察本质

地方政府行政效能监督是监督主体运用科学的标准、方法和科学程序对地方政府在行政管理过程中的行政效能进行的控制。

第一，地方政府行政效能监督是政府效能管理中的一个重要的控制环节。监督就是控制，作为一种特殊的管理行为，行政管理活动也必然具备一般管理行为所具有的一切特征，监督是行政管理行为当中不可或缺的一个重要行政程序。通过前面的论述我们可以知道追求行政效能是现代行政管理活动的出发点和落脚点，也就是说我们的行政管理活动的目标是明确的，即追求高效能。一个有效的控制系统可以保证各项活动朝着达到组织目标的方向进行，控制系统越是完善，组织目标就越容易实现。尽管计划可以制定出来，组织结构可以调整得非常有效，员工的积极性也可以调动起来，但这仍然不能保证所有的行政行为都按计划执行，不能保证管理者追求的目标一定能达到。从消极的方面来说，无论我们追求效能的目标多么明确，愿望多么强烈，现实中总会存在各种原因使得地方政府的行政行为中出现与目标不一致的现象（可能是行政决策中的利益冲突，也可能是行政执行中的偏差），如何发现并及时纠正实际行政管理中的偏差使之恢复正常状态并对相关责任人进行惩戒是我们经常遇到的需要加以解决的情况。从积极方面来说，由于技术或者管理手段的进步或创新，在具体的行政管理活动中我们作出超越原来设想的更好的成绩，如何发现并总结成功的经验并运用于日后的工作当中，而且给予相关人员的激励同样需要监督机制监督，因此，加强对追求行政效能的过程的监督显得尤为重要。

第二，地方政府行政效能监督是以结果为导向的控制。在以往的行政监督当中，更加注重的是对过程的控制，而行政效能监督的对象是效能，这样从以往以过程为导向的控制机制转变为谋求以结果为导向的控制机制。在这种控制机制下行政组织和公务员不仅要对行政过程负责，更要对行为的结果负责，这样就可以把公务员从繁文缛节和过多的规制中解脱出来，更加有利于发挥他们的积极性和主动性，以便他们对结果负责而不仅限于对程序的严格执行。这样的机制客观上会促进建立这样一种行政责任规则：既要放松具体的规制，又要谋求公共事业满足公共需求这一结果的实现；既要增强公务员的自主性，又要保证公务员对民众负责、对结果负责；既要提高效率，又要切实保证效能。

第三，地方政府行政效能监督是一种以人为本，执政为民的机制。地方政府行政效能监督作为改善政府与公众关系，加强公众对政府信任的措施，显示了政府对人民负责的管理理念；强调政府是公共产品和公共服务的提供者，作为人民意志的代表，我国各级地方政府的管理工作都要以人民的利益为中心，以人民的需要为导向，倾听民众的声音，按照民众的要求提供服务，真正做到执政为民，想人民之所想，急人民之所急，为人民之所需。为社会公众提供优质、高效的政府服务是地方政府责无旁贷的义务，追求民众的满意是行政效能监督的关键标杆。

（三）效能监察功能

效能监察是国家赋予行政监察机关的工作职责，监察机关依照《行政监察法》监督检查行政机关及其工作人员履行职责、依法行政的情况，确保政令畅通，创建良好的发展环境。开展行政效能监察对于转变政府职能，提高行政效能，加强党风廉政建设，进而促进高效政府行政管理体系的建立具有十分重要的作用。

随着我国国民经济和社会发展的不断推进，转变政府职能已成为必然要求，政府行政效能监察工作将有力推进政府职能的转变。通过开展行政效能监察，督促政府机关不断提升行政效能，使政府工作以百姓需求为导向，广泛听取民意，满足百姓需求，提高公共服务，开展政务公开，接受社会监督，实现政府职能由管理型向服务型转变。

地方政府行政效能监督是推进地方政府管理创新的途径和方法，是沟通地方政府和辖区公民关系的桥梁和纽带，是提高地方政府行政效能最直接的依据和动力。

第一，地方政府行政效能监督是推进地方政府管理改革创新的途径方法。经济基础决定上层建筑，我国在 20 世纪 90 年代之后认识到政府行为不能代替经济规律，认识到市场手段和计划手段均为经济发展所必需。在市场经济条件下，地方政府的主旋律已经转化为了市场化、社会化，强调权力非集中化，以结果和公众为本。我国的行政体制改革的目标也定位于向有限政府的方向发展，这就要求政府的权力、职能、规模和行为方式都要受到宪法和法律的明文限制，并接受社会监督。加强地方政府的行政效能监督为这些改革和转变提供了新的途径和方法。

地方政府行政效能监督可以促进地方政府竞争机制的形成。

（1）传统行政模式的基础是地方政府对公共服务的垄断，而现代行政管理模式的核心则是竞争机制。地方政府的行政效能监督是一种“以结果为导向”的监督模式，重视对行政管理结果的评价，重视行政管理的结果必然会引导地方政府的行政行为关注并积极努力地提高行政效能。地方政府的行政效能监督可以提供各个不同地方政府机关的效能状况的信息，引导公众正确选择，这样就能迫使地方政府部门提高服务质量和行政效率，客观上实现了“以人民群众意愿为本”。在地方政府内部各个部门之间，通过行政效能监督结果的横向和纵向的比较有利于形成竞争氛围，促使地方政府机关提高服务质量和工作效率。

（2）行政效能监督有利于实现责任政府和法治政府的目标。现代政府的一个困境就是如何能够在管理社会事务的同时治理好政府自身。解决这个难题的唯一方案就是要建立一个对政府行为有效控制的监督机制，在这个机制之下政府行为和公务员的行政行为必须接受公民的监督并以监督结果为标准接受法律规范的约束，这样才能保证公共资源的分配公正和高效使用。行政效能监督为此提供了一个法治化和程序化的途径来保证政府对自身行为负责，防止政府行为失控。

（3）地方政府行政效能监督可以促进各级政府之间行政权力的合理分配，实现权力的非集中化。在传统的官僚制模式下过分的权力集中和死板的规章制度压抑人的积极性的创新精神导致了行政效能低下，服务质量不高；在现代行政管理模式当中要求分权，要求各级政府之间相互配合，而非过去那种单一向下的权力分配方式。效能监督可以在为上级政府提供一种效能控制手段的基础上供给充分而且信度高的信息来更加合理地配置权力。

（4）地方政府行政效能监督是实现对政府能力提升和约束相统一的有效手段。行政效能监督的对象是行政机关及其工作人员的行政行为的效能，政府能力自然是其关注的焦点。政府能力是一把双刃剑，一方面如果政府能力不是用于实现公共而是用在少数个别人的私利上，或者是政府能力运用的方向和领域出现错误，那么政府能力越大，对社会的危害度也相应越高。在现代化进程的初期阶段我们都把关注点放在提升政府能力上，而不太注重对其消极作用的约束和限制，随着社会经济的不断进步，政府能力的提升已经到达了相当高度，我们就应该把更多的注意力放在如何避免政府能力的消极性一面，防止政府能力沿着不正确的方向运用。这就需要在政府自身自律和内部约束上下功夫，同时要动员社会力量共同制约政府能力。而地方政府行政效能监督，作为一种“以结果为导向”的监督管理方式就能够满足这种要求，实现对政府能力提升和约束的双向控制。

第二，地方政府行政效能监督可以促进公众与政府之间的沟通，增强政府的公信力所谓的高效能的政府不仅要是一个精简的政府而且必须是一个和民众具有互动性的具有相当高公信力的政府。地方政府能否高效地治理好地方公共事务，关键依赖于政府、公民、企业、社会组织之间良好的互动合作关系。而这种良好的互动合作关系的道德基础便是渗透在它们中间的相互信任与积极的合作态度。福山将信任界定为“在正式的、诚实和合作行为的共同体内，基于共享的期望”。普特南认为，信任社会资本不可缺少的组成部分，据他和其同伴的研究，在意大利公共精神发达的地区，社会信任长期以来一直都是伦理道德的核心组成部分，它维持着经济发展的动力，确保了政府绩效。“大多数社会资本形式，如信任，都是一种道德资源，这种资源的使用，增加而不是减少自身的供给；如果不使用它，它就会消失殆尽。”

两个人之间互相展示的信任越多，他们的互相信任就越大。而由于我国以政府为中心的公共管理理念和体制，使得公民对政府官员的不信任成为我国政府中普遍存在的现象，这些导致“信任”社会资本的缺失。而信任是政府与公民社会之间形成互动合作关系纽带和润滑剂，由于这一社会资本的缺失，使公民与政府之间难以形成良好的互动合作关系。社会资本下降或丧失的负面作用则主要表现于社会成员的剥夺感、无助感、社会效率低下、社会活力消减，从而制约了地方政府绩效的发挥。对我国经济社会发展而言，行政诚信即是资源，行政诚信即是环境；对我国政府管理而言，行政诚信即是能力，行政诚信决定政运兴衰。政府与公众信任关系的产生与维系需要三个要素条件：效能政府形象、积极兑现承诺、关注公众利益。政府与公众信任关系的重构客观上提出了建立服务型政府的要求。

地方政府行政监督强调“以人为本”，以公民的要求为方向，这就要求地方政府重新自我定位，重新界定地方政府职能，以提高服务质量和以公众需求为导向，通过服务社会的方式增进社会公众对地方政府的信任，增强政府部门的公信力和包括社会公众在内的社会资源的凝聚力。

行政效能监督结果可以显示出行政管理活动的投入、产出和效果，使地方政府能够赢得社会公众的支持、理解和信任。显示以往工作的成绩可以增强公众对政府的信心，曝光以往工作中的不足不仅不会损害地方政府部门的声誉，相反，它反而有助于提高地方政府的声誉，因为这样公众能感觉到政府的诚意和坦率，一个坦诚的尊重民众知情权的政府更能赢得公众的支持。

由于政府部门特殊的垄断地位，公民无法通过体验其他部门的服务，有些服务根本就是不可能有机会体验的，比如消防警察等提供的纯公共产品同其他地方或部门比较。公民只能通过效能监督的结果来“体验服务”，这样就可以使得公众有对公共事务的了解，有监督和参与的主人翁的感觉，自然有助于拉近政府和公众的关系。

第三，地方政府行政效能监督是地方政府提高效能的直接依据和动力。现代行政管理的核心问题是行政效能的问题，一个高效能的政府才是公众所期待的政府，不断提高自身效能是各国和各级政府的共同追求。要改进工作，必须先明确现状，了解目前的效能水平。不了解现状就不可能改善和提高。地方政府的行为难免有缺陷与不足，效能监督可以反映地方政府运行中的缺陷与不足及其成功之处。发现以往工作的不足和优势后就要革除弊病，发挥优势，对低效能的人员和组织进行惩戒；对高效能的人员和组织进行激励，这对以后提高行政效能的作用十分重要。

行政效能监督是改善地方政府行政效能的动力。通过效能监督，可以帮助地方政府及其工作人员明确组织的共同目标，激发工作动机，切实增强工作的责任感、使命感和紧迫感；效能监督是一种权责一致的机制，不进行行政效能的监督，没有针对效能监督的结果的奖惩，就不能鉴定效能的高低，不能区别工作的成败；就会导致工作干与不干一个样，干好干坏一个样，甚至干的不如看的，看的不如算的，算的不如装蒜的；就会挫伤工作人员的积极性，工作人员就不会积极、主动、创造性地开展工作；地方政府无从履行自己的职责，就不可能跳出低效能的泥淖。无论是事后的效能监督还是事前、事中预防监督；无论是全面监督还是局部监督，都应从改善管理效能出发，针对管理中存在的问题，提出切实可行的富有建设性的监督意见和建议。而且行政效能监督具有跟踪性，有利于促进效能的提升。行政效能监督是立足当前、着眼未来的监督活动，是为实现未来行政效能的持续、稳定增长服务的。因此，必须进行跟踪效能监督，通过检查监督决定的执行情况以及监督意见和建议的采纳情况，了解行政效能的改善状况。跟踪监督是效能监督的必备环节，开展这项工作有利于总结经验、积累知识，并反思效能监督部门的监督质量。

第三节跨部门协同治理理论。协同治理理论是协同学和治理理论相融合的新兴理论，在社会科学中被广泛应用。协同学来源于自然科学领域，由德国物理学家赫尔曼·哈肯于1971年首先提出。他将协同效应简单解释为“1+1>2”的效应。协同效应又分为外部协同和内部协同，外部协同是指集群内各组织相互协作，共享资源，从而取得高于个体运作的效益；内部协同是指组织内部不同部分、环节共同利用资源产生的集体效应。协同治理理论是协同学在社会科学领域的运用，具有如下几个特征：

第一，治理主体的多元化是协同治理的前提。治理主体不局限于单一的政府组织，所有政府组织间的协作均可以构成协同治理。随着社会的不断发展，不仅是政府组织，社会系统中其他利益相关主体均可以在社会公共事务治理中发挥作用，各组织间的协作即可构成协同治理。第二，各子系统的协同性。参与协同治理的各组织之间，需要存在着可交换和共享的资源。同时，这种协同并非以强制形式进行，而是基于社会系统中各组织的共同目的和相对优势，自动形成的良好的协同管理系统。第三，共同规则。协同治理作为一种社会集体行为，需要遵循共同的规则。

习近平总书记在党的十九大报告中强调要增强监督合力，即是社会协同治理理论的践行。为了实现我国国家治理体系和治理能力现代化，要求社会体系中各种监督体系协同治理。

随着对国家治理体系和治理能力现代化要求的不断提高，党的十九届四中全会明确指出，要坚持和完善党和国家监督体系。统一领导、全面覆盖、权威高效的国家监督体系一直是近年来，我国监督活动发展的方向。习近平总书记在党的十九大报告中曾强调要增强监督合力。具体而言，即“推进纪律监督、监察监督、派驻监督、巡视监督统筹衔接，健全人大监督、民主监督、行政监督、司法监督、群众监督、舆论监督制度，发挥审计监督、统计监督职能作用”。

随着全球化、多元化、信息化和网络化的发展，国家治理模式出现了新变革和新模式，为了满足公众日益增长的公共服务需求，各个治理主体之间配合协同的需求和频次大大增加，靠单一治理主体进行治理的效果逐渐受限，跨部门协同治理模式逐渐受到越来越多的关注和应用。跨部门协同治理是指在政府的主导下，政府和社会组织、社会公众等社会主体一起在共同的特定领域内为了实现共同的公共利益和社会管理目标而进行互相配合和协作，遵守共同的章程和管理约定，利用各自的地位、资源优势实现公共事务的有效管理的过程。跨部门协同治理又包含部门和部门之间、部门和社会主体之间的协同治理。国家审计因其工作的特殊性，对跨部门协同治理有着天然的需求和依赖性。一方面，审计监督覆盖面广，牵涉单位和人员众多，需要大量的其他部门和人员的配合，同时，审计机关作为国家监督部门，更多的是发挥鉴证和评价的职能，扮演信息披露的角色，审计结果和审计目标的应用和实现需要通过外部协同来进行；另一方面，审计机关自身也存在着人员和专业性的不足，需要依赖社会机构或其他专业部门的支持和补充。因此，跨部门协同治理的水平将直接影响审计机关的工作效率和工作效益，提高跨部门协同治理水平是提高审计机关审计监督效能的重要途径之一。

在大数据时代背景下，部门间的协同合作增加了数据协同的新内容，审计部门对数据的需求提到了新的高度，对数据协同提出了更高的期待和要求。同时，在新时代下，审计监督全覆盖的要求使得审计监督的广度和深度都需要进一步拓展和加深，审计成果的应用进一步受到重视，审计服务国家治理现代化的职能需要进一步发挥。

第三章　治理现代化下的审计制度

第一节　审计监督的渊源

一、古代的官厅审计

从史料记录来看，从西周开始，就出现了审计的萌芽。随着国家的各种制度的形成、完善，审计制度也开始初步确立。西周成王时期的小宰、宰夫、司会等官职，就拥有部分的审计权。而宰夫是具体执行审计的官员。在当时的政治体制的背景下，审计的产生拥有比较好的客观条件。春秋战国时期在以“依法治国”的思想为前提的条件下，政治审计和经济审计都得到了强化。各诸侯国也都设置了审计的官职，上部报告会计制度也相继实施。这是中国历史上最初的会计审计制度。秦汉时期是中国古代审计发展的时期。秦朝设置有御史大夫的官职，主管全国的审查审计业务，包括政治审查、经济审计等审计业务。西汉时期，在延续秦朝官僚制度的同时，更明确了御史的经济审计的地位，一直持续到了南北朝时期。审计的空前发展是在隋唐到五代十国时期。隋朝的审计监督权力是由御史台、刺史和比部分权掌握的。唐朝时，虽然引用了隋朝的官职制度，但是最高的审计机构是御史台，执行审计的机构是比部，比部作为独立的审计机构存在。从北宋到明清时期是中国古代的审计制度进展期。北宋时期，开始实行官员和职员分离制度。这个时期开始，审计职权开始独立，也出现了审计这个词语。而随着审计机构的职权的扩大，对财政经济活动的监督也加强了。开始设置官员，组织机构的层次开始形成。而到了元朝，开始在地方出现审计机构。明朝是利用六科和户部都拥有审计权而相互牵制，都察院的出现，则标志了封建统治者的集权统治意识在审计标准统一方面的效果。

二、现代审计的发展

1982 年财政部向国务院提交了《关于会计审计机关的计划建设报告》，第五届全国人民代表大会第五次会议依据《宪法》通过了该计划，规定设立审计机关，实施审计。1983 年 9 月，从国务院下属的国家会计审计机关——审计署出发，政府审计活动开始恢复。之后，在各省、市、县也相继设置了地方会计审计部门——审计厅（局）。1988 年 11 月，公布了《审计条例》。1995 年 1 月 1 日，公布了《审计法》。1997 年 10 月 21 日，国务院公布了《审计法实施条例》。1999 年国务院官方公布了 2 个有关经济审计的规定，《县级以下党政领导干部任期经济责任审计暂行规定》和《国有企业及国有控股企业领导人员任期经济责任审计暂行规定》。中国开始了经济责任审计制度。2003 年到 2007 年，中国审计署提出了 5 年审计发展计划并实施。2006 年 2 月 28 日，修改了《审计法》。中国的国家审计开始朝着绩效审计的方向发展。1985 年 8 月，国务院公布了《国务院关于审计的暂行规定》，审计署也公布了《审计署关于内部审计的若干规定》，是内部审计的法律保障。1987 年，中国成立了中国内部审计师协会，同年加入了国际内部审计学会（IIA）。1997 年，中国审计学会引进了 IIA 的国际注册内部审计师考试。2003 年 5 月，《审计署关于内部审计工作的规定》公布，确立了国家机关、金融机关、企业事业单位、社会团体组织以及其他的企业的内部审计制度。2004 年《中央企业内部审计管理暂行方法》的公布，要求国有控股企业和国有独资企业完善企业管理机构和内部控制机能。1988 年 11 月 25 日，成立了中国注册会计师协会，同时各地成立了分会。注册会计师协会的成立，使中国注册会计师工作的管理从政府财政部门的直接管理变成了间接管理，并在 1995 年吸收合并了中国审计协会。1995 年 6 月，中国注册会计师协会公布了《中国独立审计准则序言》和《独立审计准则（草案）》。1998 年中国进行了审计法人的机构改革，审计法人从政府独立出来。到 2003 年 5 月，中国注册会计师协会分 6 次分别公布和完善了全部 48 项的独立审计准则。2006 年 2 月 15 日又公布了《中国注册会计师执业准则》，并在 2007 年 1 月 1 日开始实施，至此，之前公布的《独立审计准则》被废除了。伴随着经济责任的变化和发展，审计是从政府审计到内部审计，再到民间审计的方向发展的。

第二节　审计监督的几种类型及特点

一、内部审计

内部审计的产生有其社会和历史原因，与外部审计不同，内部审计更多地趋向于企业的所有者、经营管理者，为加强内部控制，防范一些经济风险，而主动地进行一些生产、经营活动中的监督，找出企业运转过程中的漏洞，并对这些漏洞进行调查研究，针对这些漏洞提出合理、可行的意见，以期达到提高企业经营效率、降低经营成本、减少不必要的损失浪费、防范经营风险、堵塞经营漏洞、提升企业竞争力等目的。

参考国际内部审计师协会对内部审计的定义，我们不妨把内部审计定义为：企业为了实现企业经营效益最大化而进行的一种自我监督、自我鉴证、自我完善、自我提高的有组织行为。内部审计不仅仅是对企业经济活动的监督，更是完善企业内部控制的一种有效的手段。内部审计的关注点不仅仅是眼前的经济利益，而是将企业的战略目标作为持久的追逐目标。

“绩效”这个名词常常出现在我们生活的周围，那么何谓“绩效”，“内部审计的绩效”又是什么呢？“绩效”分开来说就是“成绩”和“效果”，“成绩”是从取得的成果上来说，“效果”是从活动的效益上来说。内部审计的绩效就是要看内部审计这种组织活动为企业带来了怎样的成绩与效果，是否取得了令企业的所有者、管理经营者、外部环境、内部人员所满意的工作成效。这么一说，内部审计的绩效就不是一个单一的概念了，它可以包含很多具体的内容，它可以是经济性质的，也可以是社会性质的，它的对象可以是企业高管，也可以是普通的企业职员，总之，内部审计的绩效是一个系统性的概念，是综合考虑企业内部审计组织活动过程的效率及所产生对于各个方面的成绩与效果的总和。

二、注册会计师审计

注册会计师审计产生于企业受托经济责任。类似于委托代理理论，企业受托经济责任也是源于两权分离。企业股东为委托方，负责资金筹集，并拥有企业的声誉索取权。

企业的管理者为受托方，负责企业的日常经营管理。注册会计师审计则负责监督这种受托经济责任，评价受托方的履职情况。国有企业中的受托经济责任关系，事实上也是企业“委托—代理”关系的一种形式。

委托是公众，代理方是国家，具体落实到国资委和国有企业的管理者。基于公共受托经济责任，国家审计负责对国有企业运营的公允性、合规性以及效率进行监督，并通过审计公告的方式向公众公布审计结果。同时，基于委托代理理论，国有企业也需要接受社会审计的监督，保障股东的利益。因此，国有企业将会同时接受国家审计和社会审计的双重监督。

针对注册会计师的监管，包括政府行政监管和行业自律监管。在美国市场，PCAOB（Public Company Accounting Oversight Board，美国公众公司会计监督委员会）对事务所进行检查，并具有行政处罚权。

同时，美国的注册会计师行业自治协会，通过复核的形式，进行同业检查。在我国，注册会计师的主要监管机构是证监会和注册会计师协会，注册会计师协会属于具有行政监管性质的行业自治协会。本书中提到的国家审计，会针对国有企业进行审计复核，尽管对注册会计师没有直接的行政处罚权，但是在发现问题时，可以移交给相关部门。由此可见，监管的方式各有不同，影响也各不相同。

监管机构的行政处罚权会对事务所构成威慑，提高审计质量。De Fon-dand Lennox（2011 年）发现，SOX（Sarbanes - Oxley Act，萨班斯法案）法案出台后，忌惮于 PCAOB 的检查，多家小事务所退出了审计市场，而这些退出的事务所，整体审计质量较低，这表明 PCAOB 检查所带来的威慑提高了整个行业的整体审计质量。Lamoreaux（2016 年）也发现了类似的结论，他对比了美国本土上市企业和外国在美国境内上市的企业，而 PCAOB 只对本土上市企业有检查权限。他发现检查权限会对事务所构成威慑，从而有助于提高审计质量。对于那些在 PCAOB 注册的境外事务所，PCAOB 也开始进行跨境检查，研究发现 PCAOB 的检查能显著提高这些境外事务所的审计质量，不仅体现在他们对美国上市企业的审计（Krishnanetal，2017 年），甚至还体现在他们对境外企业的审计（Fungetal，2017 年）。然而，当实施实际的处罚时，似乎并没有带来预期中提高审计质量的作用。Booneetal（2015 年）发现，PCAOB 于 2007 年对德勤进行处罚后，德勤的审计质量与四大的其他三家事务所并无明显差异，并没有带来预期中的效果。类似的情况在我国也有，吴溪（2008 年）发现我国 2003 年至 2005 年间证监会的处罚，并没有起到维护审计师独立性等的积极作用，相反还产生负面影响，他认为，这是由于我国证监会“重师轻所”的处罚方式所导致的。王兵等（2011 年）分别从事务所和对注册会计师个人两个层面来观测证监会行政处罚的影响，同样发现两个层面的审计质量均没有明显改善，具体表现为上市公司的操控性应计利润没有显著降低，会计盈余稳健性也没有显著提高，且行政处罚力度的差异对上市公司的操控性应计利润和会计盈余稳健性也无明显影响。

除了行政惩罚，同业监管同样也会对审计质量产生影响。Lennoxand Pittman（2010 年）发现同业复核甚至能比 PCAOB 提供更多关于事务所审计质量的增量信息。而在我国，行业的监管仅对审计质量产生部分提升作用。吴溪等（2014 年）以中国注册会计师协会约谈为背景，研究发现，中国注册会计师协会的事前监管，仅仅使事务所提高对约谈涉及企业的谨慎程度，而对其他类似企业进行审计时，并没有明显的变化。中国注册会计师协会的事后监管同样只有局部的质量提升作用。刘文军（2016 年）发现，中国注册会计师协会对事务所的执业质量检查会提高事务所的审计质量，具体表现为操纵性应计利润显著降低，但是，这种作用主要集中在非“四大”会计师事务所。中国注册会计师协会执业质量检查不会影响检查中有注册会计师被惩戒的事务所客户的操纵性应计利润，但会让这些事务所变得更为谨慎，表现在未来更可能对客户出具非标准审计意见。黄益雄和李长爱（2016 年）同样也发现，中国注册会计师协会约谈会计师事务所的行为，对事务所整体的审计质量没有明显影响，进一步细分事务所规模后，发现约谈对大规模事务所审计质量影响不显著，但是约谈对小规模事务所审计质量产生了积极的显著作用。

三、国家审计

近年来，国家对国家审计提出的重大政策和方向，可以概况为如下两个方面：

第一，国家审计的职权范围日益扩大，执业力度不断加强，成为我国公共机关和国有企业的主导监督力量。2018 年 3 月，中共中央印发了《深化党和国家机构改革方案》，其中第 33 条明确指出将发改委、财政部、国资委的部分监督检查职责均划归于审计署。事实上，早在2014年10月，国务院就已提出“审计全覆盖”，确认扩大审计署的职责范围，要求审计署对政策措施落实情况、公共资金、国有资产、国有资源、领导干部经济责任履行情况均进行审计。

除了对职权范围的要求，也对执业力度提出了新的要求。2015年12月8日，中共中央办公厅、国务院办公厅印发的《关于实行审计全覆盖的实施意见》中审计全覆盖的目标要求包括：

（1）对国家审计频次的要求，即“对重点部门、单位要每年审计，其他审计对象1个周期内至少审计1次，对重点地区、部门、单位以及关键岗位的领导干部任期内至少审计1次”“对问题多、反映大的单位及领导干部要加大审计频次”。

（2）对国家审计执业过程及效果的要求，即“对重大政策措施、重大投资项目、重大专项资金和重大突发事件开展跟踪审计，坚持问题导向”“实现有重点、有步骤、有深度、有成效的全覆盖”。国家政策对国家审计的频次、执业过程及效果，提出的具体要求，加大了国家审计的力度。

第二，我国国家审计力量尚不能支撑“审计全覆盖”的监督目标，需进一步完善审计监督体系，统筹整合审计资源。在审计署职权扩大的同时，国家也在相关文件中提出要优化改革现行审计体制，以构建统一高效的审计监督体系。其中《关于实行审计全覆盖的实施意见》中明确提到，国家审计需要加强审计资源的统筹，包括有效利用社会审计的力量。此外，党的十九届四中全会中，明确指出要坚持和完善党和国家监督体系。习近平总书记也在党的十九大报告中强调要增强监督合力。具体要求构建包括纪检监督、行政监督、司法监督和审计监督等监督力量的党和国家监督体系，协调合力，提升监督效能，共同完成党和国家的监督任务。其中，审计监督就包含了审计监督体系中的国家审计、注册会计师审计以及企业内部审计。沿用国家政策监督合力的思想，审计监督内部也需要统筹整合审计资源，构建统一的审计监督体系，共同实现国家的审计监督任务。

第三节　国家治理现代化下的国家监督体系

习近平总书记在党的十九大报告中曾强调要增强监督合力。具体而言，即推进纪律监督、监察监督、派驻监督、巡视监督统筹衔接，健全人大监督、民主监督、行政监督、司法监督、群众监督、舆论监督制度，发挥审计监督、统计监督职能作用。

针对上述监督形式，本书进行了简单梳理，以厘清各监督形式的具体内涵。表 3.1 报告了上述主要监督形式的负责部门及监督对象。其中，“纪律监督、监察监督、派驻监督、巡视监督”均由中共中央纪律检查委员会（纪委）和中华人民共和国国家监察委员会（监委）一体化执行，以合力提升监督效能。审计监督包括审计监督体系中国家审计、注册会计师审计和企业内部审计三种形式，共同作用于国家行政机关及企事业单位的审计监督工作。

表 3.1　国家监督体系主要监督形式

监督形式	负责部门	监督对象
纪律监督	中共中央纪律检查委员会	党的领导机关和领导干部，尤其是主要领导干部
监察监督	中华人民共和国国家监察委员会	所有行使公权力的公职人员
派驻监督	中共中央纪律检查委员会及中华人民共和国国家监察委员会	同上
巡视监督	中共中央纪律检查委员会及中华人民共和国国家监察委员会	同上
人大监督	全国人大及其常委会	一府两院
行政监督	行政机关	行政机构及公务员
司法监督	国家司法机关	国家行政机关
审计监督	国家审计、注册会计师审计及内部审计	国家行政机关及企事业单位

国家监督体系的建立是国家治理体系和治理能力现代化的必然要求，在此要求下，各监督体系探索协作方式，合力发挥监督作用，促进国家治理能力的提高。本书根据目前各监督工具协作现状，列举如下两种监督协作形式。

第一，“纪律监督、监察监督、派驻监督、巡视监督”的协调衔接。在国家要求这四类监督统筹协作之时，中央纪委国家监委的网站公布了安徽省的优秀案例。案例中阐述了如何实现四种监督制度的协作，以及协作对监督效率的作用。安徽省纪委监委主要通过人员整合和资源共享的方式，保障了纪委监委的人力及信息衔接。

第二，国家审计移送违纪违法问题线索。国家审计在针对企事业单位的审计过程中，发现违纪违法问题。国家审计没有强制处罚违纪违法行为的权力。因此，国家审计将相关线索移送纪检、司法等部门，实现了不同权限监督形式之间的补充，发挥了监督作用。表3.2是2018年审计署向纪检部门、司法部门以及部分行政部分移送违纪违法问题线索查处情况，表内仅为部分案例汇总。国家审计每年都会持续移送案件给相关部门，既发挥了审计监督的专长，又通过其他监督形式落实了对审计发现问题的惩处。

表3.2　2018年审计署移送案件查处情况（不完全统计）

涉案企事业单位名称	事件移送部门	主要责任人处分
中国华能集团有限公司	中央纪委	无期徒刑
上海市电力公司	中央纪委	无期徒刑，剥夺政治权利终身
湖南中烟工业有限责任公司	中央纪委和最高人民检察院	无期徒刑，剥夺政治权利终身，并处没收个人全部财产
中国电子信息产生集团公司第六研究所	最高人民检察院	有期徒刑
抚顺矿业集团有限责任公司	辽宁省纪委	开除党籍
四川省苍溪县友谊猕猴桃专业合作社	四川省纪委	党内严重警告、党内警告
北京乐邦乐成创业投资管理有限公司	公安部	有期徒刑
辽宁省昌图振宇农资配送有限公司	辽宁省公安厅	有期徒刑
望洲财富投资管理有限公司	公安部	有期徒刑
山东鑫秋农业科技股份有限公司	证监会	警告
辽宁省委	中央纪委	开除党籍，开除公职，无期徒刑，并处没收全部个人财产

第四节　国家审计监督制度

一、国家审计与国家治理关系

改革开放以来，为了适应国家治理需求，我国的国家审计监督制度逐步建立和完善。改革开放初期，随着党和国家将工作重心转移到经济建设，我国于 1983 年成立了审计机关，以维护国家财经法纪，提高经济效益，加强廉政建设。成立之初，国务院要求审计机关“边组建，边建设，围绕经济工作的中心任务”，有重点、有计划地审计各级政府、财政金融机构和企事业单位的财务收支。

20 世纪的最后 10 年，审计机关为适应社会主义市场经济经济体制，逐步完善法律法规，到 2000 年已构建起了与新经济体制相适应的审计监督制度。1991 年第七届全国人大第四次会议通过十年规划和“八五”计划纲要，纲要指出要“初步建立适应以公有制为基础的社会主义有计划商品经济发展的、计划经济和市场调节相结合的经济体制和运行机制”。为此，国家审计机关在继续推行完善审计工作的同时，重点作了如下制度性建设：

（1）草拟并颁布《审计法》，并据此制定《审计准则》；

（2）推动国营企业和管理国有资金的政府部门，改善内部审计制度，提高经济效益；

（3）加强对社会审计的知识，提高服务水平，拓宽业务领域，使其适应社会经济发展的需要。

2000 年以后，我国进入了全面建设小康社会的新阶段，为适应新的国家治理需求，我国审计工作也随之进入新的阶段。审计工作新阶段有三方面的趋势：

第一，面对更加注重效率的经济发展工作，审计机关提高了效益审计的重要性。在此之前，审计工作的重点是财政收支的真实性和合法性。而为了加速社会主义现代化的建设，审计机关以促进提高财政资金管理水平和使用效益为目的，大规模开展了效益审计。

第二，随着经济项目的逐步复杂化和多元化，审计机关提高了专项审计调查的比重。重点针对国家政策法规的落实情况进行专项审计，以促进国家治理中的宏观管理。

第三，为实现构建社会主义和谐社会、建设资源节约型和环境友好型社会的要求，审计机关要求审计工作以“人、法、技”建设为保障，构建中国特色审计监督模式。

2007 年，党的十七大要求深入贯彻落实科学发展观。在此要求下，审计机关将促进国家经济社会全面协调可持续发展，增强审计工作的主动性、科学性作为主要任务。审计机关将审计的本质定义为国家经济社会运行的“免疫系统”，并对审计工作进行了适应经济发展新形势的科学调整。首先，审计机关全面推进绩效审计，将绩效审计提到了更为重要的位置；其次，重视审计质量管理，重视审计队伍建设和审计资源整合，并建立审计质量责任追究制度，以防范审计风险；再次，针对地震等突发事件，建立了国家重大事项的全过程跟踪审计制度；最后，丰富完善了审计结果公告制度，对审计情况和重大案件的处理进行公开。

为落实党的十八大全面深化改革的战略部署，我国经济建设活动突出了反腐倡廉、法制建设、行政体制改革等几个重要问题。审计机关也随之进入“审计监督全覆盖”的新时代，肩负起国家治理现代化中的经济监督职能。2014 年《关于加强审计工作的意见》明确提到，为落实党的十八大和十八届二中、三中全会精神，审计机关要实现审计监督全覆盖，促进国家治理现代化和国民经济健康发展。其中，国家审计的范围已全面扩大至政策措施落实、公共资金、国有资产、国有资源、领导干部经济责任履行情况。随后的《关于实行审计全覆盖的实施意见》，更是对审计力度和频率作出了具体的要求。2018 年第十九届中央委员会第三次会议通过了《深化党和国家机构改革方案》，对审计机关的职权进行扩大，并进一步整合了国家审计监督体系：

（1）决定组建中央审计委员会，构建集中统一、全面覆盖、权威高效的审计监督体系，委员会办公室设立在审计署；（2）将国家发展和改革委员会的重大项目稽查、财政部的中央预算执行情况和其他财政收支情况的监督检查、国务院国有资产监督管理委员会的国有企业领导干部经济责任审计和国有重点大型企业监事会的职责划入审计署。

至今，国家审计监督体系已基本建立，并为国家治理中的经济建设、行政体制改革、反腐倡廉等关键问题，发挥了重要作用。党的十九届四中全会中，再次强调“坚持和完善党和国家监督体系，强化对权力运行的制约和监督”，审计监督将在发挥已有职权的基础上，与其他监督形式合作，共同作用于国家治理体系和治理能力现代化建设。

二、国家审计治理作用

（一）对政府机关的监督治理作用

一方面，国家审计有助于抑制政府机关领导干部的不当行为。Ferrazand Finan（2008 年）以巴西为例，发现国家审计通过揭露政治腐败，会影响到选举结果。进而，Avisetal（2018 年）发现国家审计通过影响官员选举晋升和司法问责，抑制了地方的腐败水平，提高了地方官员遭受法律制裁的可能性。李江涛等（2011 年）对现有的经济责任审计效果进行了检验，他们利用《中国审计年鉴》《中国检察年鉴》等官方公布的数据，发现经济责任审计力量越强，经济责任审计执行力度越大，越能够预防领导干部职务犯罪；审计人员数量越多，审计力量越强大，单位国内生产总值耗费的行政管理费越少。彭华彰（2013 年）同样也发现国家审计有助于腐败治理，在揭露查处腐败行为、促进建立健全反腐倡廉机制和领导干部廉洁自律等方面发挥了积极作用。但同时也提出，国家审计仍然存在独立性不高、问责不够、腐败治理监督合作机制尚未建立、审计机关自身力量不足等问题。王光远和郑晓宇（2019 年）发现国家审计的移送力度越大，司法机关的司法效率越高。

另一方面，国家审计有助于地方政府优化资源配置，有效维护地方财政安全。刘雷等（2014 年）针对国家审计的揭示功能、抵御功能和预防功能进行检验，结果表明，国家审计的揭示功能和抵御功能已经得到有效的发挥，可以显著地提高地方政府财政安全程度，而维护地方政府财政安全的预防功能暂时还未充分显示出来，仍需要进一步加强。韦德洪等（2010 年）利用地方审计年鉴的数据，发现了国家审计效能的改善有助于提高财政资金运行的安全性。其中，审计案件处理率对财政资金运行安全起到了最大的保障作用，其次是审计工作报告信息被批示采用率，最差是问题金额处理率。张筱（2019 年）从国家审计对金融风险防范的角度提出了启示和建议。

（二）对市场的监督治理作用

国家审计通过审计公告，向市场传递了负面信息，使市场及时作出反应，具体表现为在公告事件日附近，受罚中央企业控股的上市公司的股价反应显著为负，其中披露的违规金额幅度越严重，上市公司的市场负面反应越大（李小波和吴溪，2013 年）。而及时披露负面信息，不仅有助于投资者作出更理智的决策，褚剑和方军雄（2017 年）还发现能有效缓解公司股价崩盘风险，且国家审计还存在溢出效应，未被审计的中央企业在审计事件发生后的股价崩盘风险也出现下降。

（三）对国有企业的监督治理作用

一方面，国家审计对国有企业的抽查能有效提高国有企业的内部治理（王美英等，2019）。褚剑和方军雄（2016 年）利用 2010 年至 2015 年审计署实施的中央企业审计事件，发现国家审计能够抑制央企控股上市公司高管的超额在职消费行为，并且国家审计的这种外部治理效应在上市公司的公司治理状况较好、审计署的监督力度较强时更为明显。蔡利和马可哪呐（2014 年）发现国家审计功能发挥对央企控股上市公司经营业绩的提升有积极的促进作用，但现阶段国家审计的这种作用在于较好地促进了中央企业经营业绩考核指标的完成，而尚未真正实现企业经营效率的优化。李江涛等（2015 年）发现国家审计能够促进国有企业绩效提升，且具有持续性，其中反腐治理起到了中介效应的作用。王兵等（2017 年）还发现国家审计有助于抑制国有企业的过度投资。他们基于审计署 2010 年至 2014 年公布的中央企业财务收支和专项调查审计公告，通过倾向值的分配对 PSM（倾向评分匹配）方法确定其配对样本，发现国家能够抑制公司过度投资行为，但与一次审计相比，二次审计对过度投资没有显著影响。在区分会计师事务所规模后发现，在一次审计中，国家审计对投资过度的抑制作用主要体现在小审计公司中，而对大所审计的公司无显著影响。在二次审计中，国家审计能够进一步抑制小审计公司的过度投资行为。此外，也有学者发现国家审计能有效抑制国有企业的盈余管理行为（杨华领和宋常，2019 年；王海杯和张丁，2019 年；郝素和李梦琪，2019 年）。

另一方面，国家审计还弱化了国有企业的政治关联，提高了国有企业市场化水平，改善了国有企业的外部环境。张立民等（2015 年）通过观察国家审计在国有企业政治关联与企业绩效关系中的作用，发现国家审计质量能够降低政治关联对企业绩效的影响，改善国有企业生存环境。然而，也有研究发现，与国家审计相比，注册会计师审计可能具备更高的审计质量，表现为更有可能发布识别出被审计单位内部控制缺陷的审计报告（Lópezand Peters，2010 年）。

三、国家审计监督法律法规

1983 年审计署成立之初，为了规范和推进起步阶段的审计工作，国务院发布了《国务院批转审计署关于开展审计工作几个问题的请示的通知》和《国务院关于审计工作的暂行规定》，成了当时落实《宪法》规定的审计工作的依据。随后，审计法制体系开始建立，相继出台了《审计条例》和《审计法》，构成了审计机关的工作依据。2000 年以后，审计署不断完善审计法制体系，同时将审计工作与国外接轨，因此，在《国家审计准则》后颁发了一系列的具体规定，以确保审计工作推进的各个程序都有法律法规依据。需要说明的是，随着审计工作环境和范围的不断变化，《国家审计准则》也随之修改多次，目前使用的是 2010 年颁布的版本。表 3.3 列举了国家审计相关的主要法律和规定，反映了审计法制体系建设的进程。

表 3.3　国家审计工作的主要法律法规

颁发时间	文件名	颁发单位	备注
1983/8/20	《国务院批转审计署关于开展审计工作几个问题的请示的通知》	国务院	
1985/8/29	《国务院关于审计工作的暂行规定》	国务院	
1988/10/21	《中华人民共和国审计条例》	国务院	同时废止 1985 年的《国务院关于审计工作的暂行规定》
1994/8/31	《中华人民共和国审计法》	全国人民代表大会常务委员会	2006 年 2 月 28 日修正
1996/12/6	《中华人民共和国国家审计基本准则》	审计署	

续表

颁发时间	文件名	颁发单位	备注
2000/1/18	《中华人民共和国国家审计准则》	审计署	同时废止 1996 年的《中华人民共和国审计准则》；同时颁布《审计机关审计处理处罚的规定》《审计机关审计听证的规定》等
2000/8/7	《审计机关审计方案准则》	审计署	同时颁布《审计机关审计证据准则》《审计机关审计工作底稿准则（试行)》等
2001/8/1	《审计机关专项审计调查准则》	审计署	同时颁布《审计机关公布审计结果准则》《审计机关审计人员职业道德准则》等
2003/12/15	《审计机关审计重要性与审计风险评价准则》	审计署	同时颁布《审计机关分析性复核准则》《审计机关内部控制测评准则》等
2004/2/10	《审计机关审计项目质量控制办法（试行)》	审计署	
2006/2/28	《中华人民共和国审计法》	全国人民代表大会常务委员会	同时废止 1995 年《中华人民共和国审计法》
2010/9/1	《中华人民共和国国家审计准则》	审计署	同时废止 2000 年《中华人民共和国审计准则》及其附属规定
2013/4/15	《审计署工作规则》	审计署	
2021/10/23	《中华人民共和国审计法》	全国人民代表大会常务委员会	同时废止 2006 年《中华人民共和国审计法》

我国的审计监督围绕党和政府中心工作展开，具有多元化的制度内涵。中央审计委员会成立以来，国家重大政策落实跟踪审计、经济责任审计、审计处理处罚和审计整改制度等一系列特色鲜明的审计监督制度，在促进国家治理体系和治理能力现代化进程中起到了重要作用，审计制度体现出更多的政治担当。但是，审计制度历来就兼具技术与政治的双重属性，审计监督的范围从微观到宏观、审计监督的功能从监督到治理的转型都离不开其最基础的技术特征——审计监督本质上是一种信息规制机制，通过合目的性的综合性数据信息披露实现制度价值。审计法本身就是一个高度依赖数据和信息处理的专门性法律，天然具有数据法的品格。

近年来，数字技术日益融入经济社会发展各领域全过程，正在成为重组要素资源、重塑经济结构、改变竞争格局的关键力量。党的十八大以来，党中央高度重视发展数字经济，实施网络强国战略和国家大数据战略。数字治理是国家治理体系的新领域。数字治理时代的到来对各个部门法都产生了广泛而深刻的影响，在审计法治领域也出现了很多新的领域和普遍性难题，需要审计监督及时跟进。

第一，一些新的审计监督领域的数据技术应用不充分。大数据审计在财政、国有企业、金融等传统领域应用得比较好，在社保、环境、医保和涉外审计等方面则起步较晚。第二，大数据审计法律依据不足。开展大数据审计的前提是全面获取被审计单位财务、业务电子数据，然而，尽管审计法修订时有了一定的法律供给，但审计机关采集被审计单位数据的法律依据依然比较缺乏。审计法的一些相关规定和界定相对笼统，需要更加精细和有针对性的配套立法才能更有利于大数据审计监督的有效开展。第三，大数据审计职业能力建设发展不均衡。特别是市、县审计机关大数据审计职业能力总体偏弱，审计监督中的数据支撑作用发挥不充分，数据安全风险控制、敏感信息和涉密数据的权限管理等安全管理措施有待加强。第四，大数据审计执法机制不完善。地方审计机关对垄断行业、大型国企等审计对象掌握的重要数据缺乏稳定的采集渠道，一些公共部门和行政机关则以数据安全为由，拒绝提供数据或者设置技术障碍。华盛顿大学法学教授布莱恩·Z. 塔马纳哈曾将法治的发展描述成一个从“薄”到“厚”的过程，并对古今中外的法治进行了分类整理。

法治进步的“薄”与“厚”需要人们发挥主观能动性，积极抓住法治建设的重点领域和关键环节，才能实现法治现代化的均衡发展。我们也应看到大数据审计在政府审计中的数据应用。

1. 数据信息共享

数据信息共享在金审三期建设中的占比较大，通过构建大数据审计平台，将现有的省、市、县三级审计机关的网络打通，实现信息共享，同时与各级被审计对象的财务、业务、文件等模块数据进行联结，打破审计信息壁垒，形成集中统一的审计管理平台。以自然资源资产离任审计为例，地理信息系统（GIS）中储存了大量地理分布数据的功能，为自然资源资产管理提供有效的技术支持，审计机关通过数据信息共享平台，能够在授权范围内随时调用相关数据，通过对比不同时期的图像进行动态分析，找出可能存在的审计疑点，再有针对性地进行实地勘察核实。总的来说，通过数据信息共享，审计机关实现了对被审计信息的实时检索、查询和分析，有效地解决了审计过程中的“信息孤岛”问题，同时，拓展了上下级审计机关之间的信息联动，充分发挥大数据审计平台的资源池作用。

2. 审计业务协同

审计人员登录内网的大数据审计平台后，系统会根据审计机关的战略部署，安排审计人员进入对应的业务协同小组。具体的协同工作包括：①数据处理协同，对所属区间的数据进行采集和转换；②数据存储协同，对自己处理的数据进行上传，完成集中管理和分级储存；③数据分析协同，对数据进行筛选查询、关联分析、异常检测和疑点汇总；④对发现的审计疑点进行分散查证，得出审计结论上报。此外，依托于大数据审计平台的强大功能，审计人员还可以进行审计跟踪协同，及时查看被审计对象的整改情况，做好审计问题的报告、公示、追责和后续检查等工作，健全审计整改闭环制度，及时梳理上报整改难点、政策堵点和制度盲点。以新修订审计法实施为契机的新一轮审计法治发展必须顺应大数据时代的发展潮流，体现更好的价值担当。

（一）审计法治的创新和重点

数字治理时代的审计法治建设应当聚焦数字战略和数字治理的现实需求进行创新和布局。

一是积极开展公共数据审计。当前，公共数据的来源、规模、结构、层次、采集和管理等方面都发生了深刻变化。大数据时代的重要任务是规范公共数据治理、保障公共数据安全，促进公共数据共享、开放和利用，释放公共数据价值，提升国家治理能力和公共服务水平。我国的公共数据一般是由法定数据部门依法对特定数据主体进行采集，并统一按照数字政府改革的要求，由各级各地政务中心管理。如医保基金数据和疫情防控数据等，多实行统一标准、分类分级、汇聚整合、需求导向、共享开放并力求集约高效、安全可控。我们每天都在产生海量的数据，包括公共数据和私人数据，审计监督主要从公法角度对公共数据进行监督。开展公共数据审计，应当建立公共数据审计监督制度，对公共数据生产传播及其管理进行全过程审计监督，揭示由于信息不对称、信息重叠、信息失效和信息干扰等带来的决策失误和社会风险，扫除影响公共数据资源使用效率的体制机制障碍，帮助社会公众高效获取有效公共数据，提高公共服务水平和效果。

二是促进大数据审计在国际合作中的运用。美国证券交易委员会（SEC）近年来屡屡发起对中国会计师事务所的诉讼。美国监管机构认为，审计监管的国际合作就表现为美国监管机构赴海外进行检查、调查甚至单方面采取措施要求境外会计师事务所提供审计资料。这是立足于保护美国利益，实施“长臂管辖”的表现。但我们应该看到，由于现代经济体系全球化趋势明显，尤其是我国“一带一路”倡议涉及交通网、港口、油气管道、跨界桥梁、光缆传输系统等大量基础设施建设，专业性强、数据量大，跨境数据审计合作成为亟须补齐的一个短板。《美国政府审计准则2018》（GAGAS 2018）就特别增加了海外经营实体的审计监督规范，增加了数据监管、同业复核等严格的法律程序，使审计在经济全球化和贸易冲突中起到了良好的作用。中国高度重视数字经济国际合作，迫切需要在跨境数据交流中加强与其他国家的大数据审计合作，统筹安全与发展，维护国家数据主权与数据安全，形成国际竞争中的创新性优势，在加入《区域全面经济伙伴关系协定》（RCEP）和《全面与进步跨太平洋伙伴关系协定》（CPTPP），适用其电子商务规则体系的基础上，还申请加入《数字经济伙伴关系协定》（DEPA）。

三是提高大数据审计执法能力。大数据审计执法能力表现在审计执法基础资源、执法程序、执法方式和执法结果等诸多方面。自2016年10月审计署发布《“十三五”国家审计信息化发展指导意见》以来，审计机关坚持科技强审，以信息化建设推动新时代审计事业发展。“十三五”期间完成了新型审计模式建设，大大增强了大数据时代的依法审计能力。近年来，审计机关还不断加强非现场大数据审计执法，全面推广“总体分析、发现疑点、分散核实、系统研究”的数字化审计模式，提升了审计效率，促进了审计全覆盖。

大数据审计中审计证据大多以海量的电子数据形式出现，如何取证、鉴证和评价都需要更为清晰的法律规则。为了保证电子审计证据的客观性、充分性、相关性和可靠性，需要在审计取证过程中，明确取证程序，确保审计方法模型的正确性，规避由大数据审计带来的信息风险、技术风险和认知风险。

（二）审计法治的体系化建设

2021 年审计法修订已经注意到了数字治理时代审计监督的重要性，并有不少条文涉及。如新增有关国家机关在数据信息方面的协力义务，规定审计人员有权通过审查审计对象的信息系统调查取证，“国家政务信息系统和数据共享平台应当按照规定向审计机关开放”。但这些有限的规定需要从数字治理时代的需要的高度进行审视，并且应当超越单纯的扩大审计机关权限、提高审计执法效率等有限目标去把握。习近平总书记在中央政治局第三十四次集体学习时强调：“要完善数字经济治理体系，健全法律法规和政策制度，完善体制机制，提高我国数字经济治理体系和治理能力现代化水平。”全国人大明确要求“继续推进重要领域法律的体系化建设，进一步加大对预算和财政审计监督力度”。大数据时代的审计法治应当与我国审计法治发展战略融合、协调发展。

一是明确大数据审计法治的基本原则。大数据审计立法应当坚持的基本原则是：第一，安全原则。审计监督中的数据信息处理必须符合法定条件、遵循法定程序并符合保密要求，个人信息、工作信息和敏感信息的处理应当采取必要措施保障，防止泄漏或被窃取、篡改、删除。大数据审计法律活动应当和数据安全法、个人信息保护法、网络安全法、民法典等相关法律的有关规定相互协调，并建立安全评估制度。第二，公开透明原则。大数据审计的目标是强化权力制约，在更高层次上履行政府责任。发挥大数据审计在解决信息不对称问题上的独特优势，但必须充分坚持审计公告是法定义务，以公开为原则、不公开为例外，不得任意扩大信息保密的范围或设置不当前置条件、附加不当附随义务。第三，正当原则。审计机关在审计执法过程中，无论是审计监督信息的获取还是披露都必须在实体法和程序法上具有正当性。审计机关应当明确获取信息的目的、内容和程序，在必要范围内合法、正当地获取信息。被审计单位（特定数据主体）、公共数据平台或相关部门的数据库应当基于法定目标和审计监督的标准，合法、正当地提供数据信息。

二是发挥审计基本法的统筹作用。在我国宪法规范之下，审计法及其实施条例和国家审计准则构成完整的审计法治体系，在审计法修订实施以后，审计法实施条例和国家审计准则应当加快修订进程，为审计法提供配套支持。审计准则具有三个鲜明特点：第一，技术性品格。从立法目的、总则的基本精神和审计主体（审计机关与审计人员）等角度比较审计准则和审计法，我们不难发现：审计法更具有政治性，而审计准则的意识形态属性相对较弱，表现出的是更强的技术性。大数据时代的审计立法应当充分发挥审计准则的作用，以体现现代大数据审计发展的要求和趋势，也在立法目的上与审计法的立法目的相互承接并弥补其不足和不便。第二，实践性品格。审计准则是“为了规范和指导审计机关和审计人员执行审计业务的行为，保证审计质量，防范审计风险”（国家审计准则第一条）。从法理上来看，审计准则的实践性是法律规范作用于客观对象，实现法律调整社会关系机能的体现。审计准则增加数字治理方面的规范性，必将对审计法治的运行产生不可替代的积极作用。第三，规范性品格。审计准则是“审计机关和审计人员履行法定审计职责的行为规范，是执行审计业务的职业标准，是评价审计质量的基本尺度”。审计准则不仅是审计行为规范、审计职业规范，还具有法律条文效力上的规范：既承接宪法性审计法律规范和审计法规范的强制性，也约束和指导其他各个层次的审计法律规范。因此，审计准则中增加的体现数字治理精神的内容，势必贯彻在整个审计法律体系之中。

三是增加大数据审计法律供给。2022 年 1 月 1 日新修订的《审计法》实施后，审计法实施条例、国家审计准则以及各级地方的审计立法将分步进行，应当有一条主线来共同体现数字治理时代对审计立法的要求。此外，在更为具体的法律层次上应当有更多合理体现大数据时代精神的审计法律规范。审计署早在 2005 年就印发《地方审计机关信息化建设指导意见》，对审计系统信息化建设进行规划。

我国各地各层级的审计立法也是审计法重要的法律渊源，在大数据审计法律供给方面可以起到积极作用。我国一些地方已经取得了初步的成绩，积累了较好的经验，如《天津市联网实时审计监督办法》《天津市促进大数据发展应用条例》《天津市数据安全管理办法（暂行）》等地方立法从不同侧面和角度为大数据时代的审计立法提供了有益的立法经验。

上述立法都是围绕各自特定的领域、基于特定的调整对象和规制目标而展开的，具有分散性特征，在新时代党全面领导和统筹法治建设的背景下，我们完全可以综合考量，通过科学立法加速数字治理时代审计法治体系的完善与现代化发展。

四、国家审计监督机构设置

如图 3－1 所示，本书以审计署为中心，分别从横向和纵向介绍审计监督机构的设置。

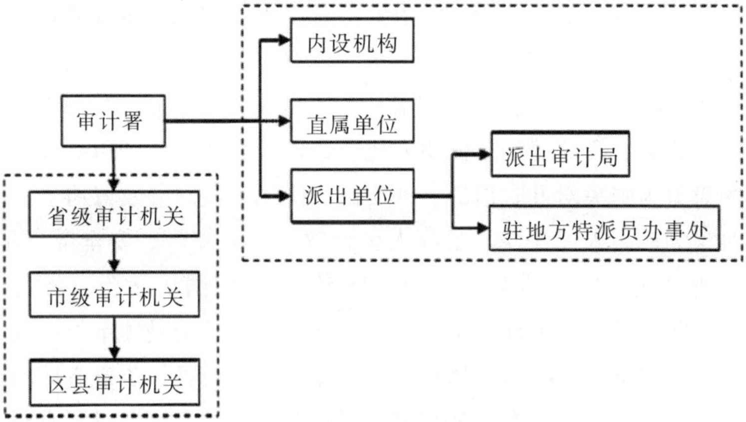

图 3－1　国家审计监督机构

从纵向来看，自中央到地方，审计署下，各省、市、区县都设有地方审计机关。地方审计机关负责辖区范围内的审计工作，并向本级人民政府以及上一级审计机关报告工作。除港澳台外，我国在 31 个省级行政区域设置了省级审计机关，其中省审计机关名称为审计厅（如：安徽省审计厅），直辖市审计机关名称为审计局（如：北京市审计局），自治区审计机关名称为自治区审计厅（如：内蒙古自治区审计厅）。下属市、区、县审计机关均为审计局（如：海南省海口市审计局，北京市东城区审计局）。

从横向来看，审计署包括内设机构、直属单位和派出单位。第一，内设机构包括：办公厅、政策研究室、法规司、审理司、内部审计指导监督司、电子数据审计司、财政审计司、税收征管审计司、教科文卫审计司、农业农村审计司、固定资产投资审计司、社会保障审计司、自然资源和生态环境审计司、金融审计司、企业审计司、涉外审计司、经济责任审计司、国际合作司（港澳台办公室）、机关党委（人事教育司）、机关纪委（巡视工作办公室）和离退休干部办公室（副司局级）。从各司的名称可以看出，审计署内设机构主要以审计内容来划分。需要说明的是，其中办公厅负责机关日常运转、拟定年度计划和联系特约审计员；政策研究室负责研究重要问题，起草和审核重要文稿，整理研究和综合利用审计成果。第二，直属单位为审计署业务相关服务单位，如审计署审计科研所、中国审计报社、审计署机关服务局、审计署审计干部培训中心等。第三，派出机构负责执行具体审计任务，分为派出审计局和驻地方特派员办事处。派出审计局根据审计对象划分，分为中央机关、宣传、统战、外交、政法、教育、科学技术、工信建设、民政社保、资源环境、交通运输、农业水利、贸易、卫生体育、社会管理、经济执法、广电通信、发展统计、群团文化、金融及企业方向的审计局。如外交审计局的对象为中央对外联络部、外交部、中国人民对外友好协会；政法审计局的对象为最高人民法院、最高人民检察院、公安部、安全部、司法部、国家移民管理局、中央档案馆（国家档案局）、中国法学会、公安部特勤局。需要说明的是金融审计和企业审计根据负责审计的具体单位不同，详细划分为 3 个和 8 个不同的局。如审计署企业审计一局具体负责审计国家电网有限公司、中国华能集团有限公司等中央企业。派出审计局对国有企业分设审计局，是由于原属于国资委的国有重点大型企业监事会职责划入了审计署。驻地方特派员办事处共 18 个，根据审计署授权，分地区履行各项审计职责。具体各办事处负责审计的地区范围如表 3. 4 所示。

表 3.4 审计署特派员办事处审计地区范围

办事处	审计地区范围
审计署京津冀特派员办事处	北京、天津、河北
审计署驻太原特派员办事处	山西、内蒙古
审计署驻沈阳特派员办事处	辽宁
审计署驻哈尔滨特派员办事处	黑龙江
审计署驻上海特派员办事处	上海、浙江
审计署驻南京特派员办事处	江苏、安徽
审计署驻武汉特派员办事处	湖北、江西
审计署驻广州特派员办事处	广东福建
审计署驻郑州特派员办事处	河南、青海
审计署驻济南特派员办事处	山东
审计署驻西安特派员办事处	陕西、宁夏
审计署驻兰州特派员办事处	甘肃、新疆
审计署驻昆明特派员办事处	云南、贵州
审计署驻成都特派员办事处	四川、西藏
审计署驻长沙特派员办事处	湖南、广西
审计署驻深圳特派员办事处	海南、深圳；港澳中资机构
审计署驻长春特派员办事处	吉林
审计署驻重庆特派员办事处	重庆

五、国家审计监督内容

根据审计对象，我国国家审计的审计内容可以分为：

（1）各级人民政府的财政审计，包括预算执行情况、决算和其他财政收支，中央财政转移支付资金；

（2）各类机关单位的财政审计，包括预算执行情况和其他财政收支情况；

（3）项目跟踪审计，包括国家投资和国家投资为主的建设项目的预算执行情况和决算；

（4）企业审计，主要是国有企业、国有资本占控股地位或主导地位的企业的资产、负债和损益情况；

（5）金融机构审计，国有企业、国有资本占控股地位或主导地位的金融机构的资产、负债和损益情况；

（6）经济责任审计，对省部级党政主要领导干部、国有企事业单位主要领导人员以及省级审计机关主要负责人进行审计；

（7）国家重大政策措施落实情况，根据国家政策要求，审计各企事业单位对当年重点政策的执行情况；

（8）其他专项审计，如社会保障基金、专项教育基金、扶贫资金的使用情况，国际组织和外国政府援助、贷款项目的财务收支情况等。由于专项审计内容繁多，仅整理了2017年至2019年审计署公布的专项审计内容（见表3.5），以大致了解专项审计情况。

表3.5　2017—2019年审计署专项审计汇总

年份	专项审计类型	专项审计对象
2019年	自然资源审计/环境审计	环渤海地区
2019年	专项资金审计	乡村振兴相关政策和资金
2019年	绩效审计	2018年保障性安居工程资金投入和使用绩效审计结果
2019年	专项资金审计	179个县惠农补贴资金
2018年	基础设施建设审计	长江三峡水利枢纽升船机工程
2018年	保障安居工程审计	全国性保障安居工程
2018年	扶贫审计	145个扶贫县
2018年	自然资源审计/环境审计	长江经济带11省
2017年	专项资金审计	医疗保险基金
2017年	扶贫审计	158个贫困县
2017年	保障安居工程审计	全国性保障安居工程
2017年	基础设施建设审计	涉农水利
2017年	自然资源审计/环境审计	节能环保

各地方审计机关每年根据地方具体情况，安排开展审计工作，其工作内

容也大致围绕以上 8 个方面。表 3.6 列举北京市审计局和河北省审计厅 2015 年和 2016 年的主要工作内容，除内部建设外，基本以政策落实审计、财政审计、经济责任审计和专项审计为主。每一年根据各地情况不同，略有调整。

表 3.6　2015—2016 年北京和河北的审计工作内容

	2016 年	2015 年
地方审计机关名称	审计工作内容	审计工作内容
北京市审计局	国家重大政策措施贯彻落实跟踪审计 财政审计 经济责任审计 专项资金审计 信息化建设 制度建设 内部审计	国家重大政策措施贯彻落实跟踪审计 财政审计 经济责任审计 专项资金审计 法制建设 审计工作机制建设
河北省审计厅	国家重大政策措施贯彻落实跟踪审计 财政审计 经济责任审计 金融审计 农业与资源环保审计 固定资产投资审计 民生资金（项目）审计 外资运用审计 企业审计 灾后重建跟踪审计 信息化建设 队伍建设 内部审计	国家重大政策措施贯彻落实跟踪审计 财政审计 经济责任审计 金融审计 固定资产投资审计 民生资金（项目）审计 外资运用审计 企业审计 信息化建设 内部审计 制度建设 资源环境审计

第四章　治理现代化下的效能监察制度

党的十八大提出，“深入推进政企分开、政资分开、政事分开、政社分开，建设职能科学、结构优化、廉洁高效、人民满意的服务型政府。”在实践中，建设服务型政府的基本内容至少包括转变政府职能和提升政府效能两大部分。行政效能监察作为一种行政监察活动，是行政机关内部监督的重要方式。有效发挥行政效能监察的监督作用，将廉洁从政、高效履职贯穿于整个政府职能转变的过程当中，进一步促进政府职能转变、加快政府行政效能提升，监督政府公务人员依法行使行政权力，高效、秉公、廉洁地履行行政职能，对我国加快建设服务型政府具有重要的现实意义。

第一节　效能监察的渊源

在中国历史上，很早就建立了考绩制度，通常称为“考绩”“考课”“考成”“考功”“考试”等，与现代的“绩效评估”有联系也有区别。国家依照其所颁布的法令和行政计划，在一定的年限内，对各级官吏进行考核，并依其不同的表现，区别不同的等级，予以升降赏罚。因此，考课不仅是国家对官吏实施奖惩、升降职、增减俸禄的主要依据，也是激励官吏的有效措施，是中国历代王朝改善吏治的一项重要措施。

中国古代考绩制度是以皇权控制下的官僚制度为基础的，其目的是加强对地方官员的控制，维护和巩固王朝专制统治，但客观上也起到了一些激浊扬清、奖优罚劣的积极作用。从整个考绩制度来看，它具有以下几个方面的特点：一是起步早。中国考绩制度源远流长，尧舜时期就已经有考绩制度的雏形，《尚书》记载尧舜每隔三年对官员的政绩进行一次考核。真正的考绩制大约始于战国时期秦国的商鞅变法，《商君书》中对此有记载，“上计”制度正是源于此。二是最高统治者高度重视。历代王朝的最高统治者都特别重视对官员的考核，他们很多时候都亲自参与对官员的考核，考核与奖惩权力很大程度地集中在君主手中。三是组织体系健全。由于最高统治者的重视，考绩工作大多设有专门的组织机构，并由专人负责考绩事项。例如在唐朝，考绩事项由吏部负责，有时由皇帝直接指派朝廷大员负责，必要时也临时派员巡察各地，以防止地方的考绩作弊行为。这使考绩制度的执行有了组织保证。四是考评导向明确。古代的考绩制度经过历朝历代的探索和完善，在评价内容上日趋全面，基本上涵盖了德、能、勤、绩、廉等方面，强调“修己治人”。在考核程序上，也会有固定的考核周期和明确的考核步骤，对考核操作形成清晰的预期。五是注重结果应用。古代考绩制度具有明显的为统治者服务的权力特征和职能属性。统治者非常重视考绩结果，将它与官员的赏罚紧密相连，这种赏罚包括升迁、罢免、废黜等，通过考绩的形式控制官员，达到管理官吏、治理国家和维护统治的目的。

古代考绩制度历经两千多年的实践，尽管有其历史局限性，也不是现代意义上的政府绩效管理，但对于我们研究和探索中国式的政府绩效管理仍然有一定的价值和意义。我们在研究和推进政府绩效管理时，一方面，要借鉴中国古代考绩制度的一些有益做法，诸如高层对绩效考评的重视，设置专门机构，明确考评标准、内容、方法、程序，注重结果的运用等；另一方面，也要扬弃中国古代考绩制度维护皇权专制的糟粕和历史局限性，按照政府治理现代化的要求，进行现代性的转换，并在此基础上，建立起一套既与国际接轨又适合当代中国改革发展现实需要的政府绩效管理体系。

自 20 世纪 90 年代以来，中国行政管理体制改革逐步深入，政府绩效管理的理念开始在政府管理中得到应用。各级地方政府在推动政府绩效管理方面发挥了积极的作用，他们在推动地方政府改革和创新上有更大的动力与压力。进入 21 世纪以来，中央政府日益关注绩效评估，2005 年的《政府工作报告》提出了“建立科学的政府绩效评估体系”，推动了地方政府绩效评估的进一步发展；2008 年的《政府工作报告》中提出“推行政府绩效管理制度”，标志着政府绩效评估开始转向绩效管理。党的十八大报告提出，要“创新行政管理方式，提高政府公信力、执行力，推进政府绩效管理”，进一步明确了政府绩效管理的方向。地方政府绩效管理的实践也逐渐抛弃了运动式的特点，逐步走出了一条具有中国地方特色的政府绩效管理道路。

从中国地方政府绩效管理的实践来看，基本可以分为三个阶段。

一、起步阶段：20 世纪 80 年代初开始

20 世纪 80 年代初期到 90 年代初期这一时期，真正意义上的绩效评估并没有在中国的行政部门开展，但作为绩效评估的前身，主要有两种形式的探索：一是落实“目标责任制”，二是 1989 年开始的效能监察制。

（一）目标责任制

目标责任制是前述目标管理技术在中国的变通应用。1982 年，劳动人事部下发《关于建立国家行政机关工作人员岗位责任制的通知》；1984 年，中共中央组织部、劳动人事部又联合下发《关于逐步推行机关工作岗位责任制的通知》。这两个通知的下发和贯彻，都是规范党政干部工作行为和加强党政干部管理的重要举措。在此后的几年中，就全国范围来看，均不同程度地建立了岗位责任制，并进一步发展为机关工作目标管理责任制。1988 年，城市目标管理研究会成立时，共有 14 个大中型城市参加，表明此时的目标责任制已经运用得比较普遍了。20 世纪 90 年代的目标责任制具有两个明显的特征：一是自上而下地系统推进，二是关注和聚焦经济增长。中央和上级机关制定各项定量的经济增长目标，以指标和任务的形式分派给下级单位，形成目标的金字塔结构。这些指标、任务的完成情况是评价考核政绩的主要依据，下级单位官员的升迁、奖励都与上级单位下达指标的完成情况挂钩。层层经济目标责任制的推行，推动了中国经济的快速增长。

（二）效能监察制

效能监察始于 1989 年，是对效能的监督检查活动，其主体是纪检监察机关，对象是党政机关和国有企事业单位，内容是管理和经营中的效率、效果、效益、质量等。1989 年 12 月，第二次全国监察工作会议明确提出，行政监察机关的基本职能“既包括效能监察，又包括廉政监察”。开展效能监察，目的在于将监督的关口前移，加强事前、事中监督，做到防范在先，使纪检监察工作紧贴改革和经济建设中心，更好地为经济建设服务。到 1999 年，全国已有 23 个省（自治区、直辖市）不同程度地开展了效能监察工

作。效能监察的重点包括行政审批中的不规范行为、行政执法中的滥用权力、行政不作为问题、行政机关工作作风方面的突出问题。

作为对行政机关履职和管理活动的效率、效果、质量等的考察和评价，效能监察是组织绩效评估的一种特殊形式，主要体现为问题导向。这种问题导向既表现在效能监察的侧重点上，又表现在效能监察的工作方式和结果上。就侧重点而言，效能监察虽然涵盖效率、效果、质量等组织绩效的诸多方面，但侧重于查找履职和管理中存在的问题。侧重点上的问题导向，决定了效能监察采取立项检查、立案调查、受理投诉等方式开展工作。从结果利用的角度来看，效能监察体现了纪检监察机关作为行为主体的特征。

二、探索阶段：20 世纪 90 年代初到 90 年代末期

这一时期，目标责任制考核仍然是政府绩效考核的主要方式，同时也出现了社会服务承诺制和效能建设等新的形式。

（一）社会服务承诺制

社会服务承诺制，就是承担社会服务职能的组织，按行业要求把服务内容、标准、程序、时限、责任等向社会公开作出承诺，在社会的监督下组织实施，违背承诺要承担法律和经济责任的一种具有契约性质的社会服务机制。社会服务承诺制是由承诺、内部践诺机制、社会监督、应诺（违诺处罚）等环节组成的有机整体，其根本目的是提高服务质量和水平，使老百姓得到利益和实惠，真正将政府的公共服务置于社会监督之下，将监督权交给群众，动员全社会的力量来监督政府公共部门的工作，提高政府部门的服务水平。社会服务承诺制源于 1991 年英国的“公民宪章”运动。中国率先推行社会服务承诺制的是烟台市。1996 年 7 月，在总结烟台市社会服务承诺制经验的基础上，中共中央宣传部和国务院纠正行业不正之风办公室向全国推广社会服务承诺制。

作为一种公共服务的质量改进机制，社会服务承诺制包括三个核心内容：顾客协商和顾客真实需求的确认，设立和公开服务标准并根据这些标准评价实际工作结果，在未达标准时承担责任并采取有效的改进措施。显然，社会服务承诺制以提高公共服务水平和公众满意程度为目标，以公众的广泛介入和监督为实现目标的主要手段。但社会服务承诺制中的绩效评估仅属于

合格评价，只有低于预先确定的标准的事件发生时才会启动纠正机制，这与一般意义上的绩效评估有明显的不同。

（二）效能建设

20 世纪 90 年代中期，福建省漳州市开始开展效能建设工作，后在福建省委、省政府的指导和推动下，在福建全省乡镇以上各级机关和具有行政管理职能的单位全面开展。

第一，各地、各部门根据各自的工作职责加强制度建设，以岗位责任制来明确工作职责，以服务承诺制来规范管理和服务要求，以公示制来推行政务公开，以评议制来强化民主监督，以失职追究制来严肃工作纪律。第二，强化内部管理规范，严格依法行政，同时优化管理要素，简化工作程序，提高办事效率。第三，牢固树立服务意识，努力提高服务水平。具体措施包括首问责任制、否定报备制、一次性告知制、限时办结制等。第四，强化监督机制，严肃行政纪律。将检查考核结果与奖惩相结合，与干部使用相联系，增强单位及其工作人员的责任感和紧迫感。

在实践中，各地、各部门根据行业特点和具体业务工作实际，制定科学、量化的绩效考评标准，对机关工作人员的目标完成情况、政策执行情况、制度落实情况、工作作风和效率状况实施考评，并运用考评结果，落实奖惩措施。福建省效能办会同人社厅等部门制定了《福建省机关效能建设工作考评办法（试行）》等，推动了绩效评估的规范化。

与效能监察相比，效能建设中的绩效评估属于组织绩效的全面评价，不同于效能监察着眼于发现组织中存在的违纪、违规行为和浪费、低效等行为，组织绩效评估的覆盖面比较宽，而不像效能监察那样选择中心工作、热点问题以及问题比较多的领域和环节。组织绩效评估的主体多元化，即“在党委统一领导下，党政齐抓共管，纪检监察组织协调，部门各负其责，群众广泛参与”，而不像效能监察那样基本上是纪检监察机关“孤军奋战”。

三、深化发展阶段：21 世纪以来

进入 21 世纪，随着社会主义市场经济改革的深入，中国政府的施政理念发生了新的变化。新的施政理念要求政府治理模式进行转型，新施政理念和治理模式的转变，不仅明确了组织绩效评估的地位，而且带来评估模式、实施机制、关注重点和覆盖范围的重大变化。中国的政府绩效评估由此进入了一个新的发展阶段。

为响应“构建科学的政府绩效评价体系”的要求，学术界和实践界付出了巨大的努力，构建体现科学发展观的评价体系。“绿色”“小康社会”等体现科学发展的评价指标逐步在实践中得以体现。兰州的第三方评估、福建的综合效能考核、青岛的目标责任制考核等不断成熟，并形成地方特色。2004 年，人事部中国地方政府绩效评估体系研究课题组提出了由 3 个一级指标、33 个二级指标构成的比较系统的“地方政府绩效评价指标体系”，用于评价中国地方各级政府，特别是市县级政府的绩效和业绩状况。

2009 年 4 月 25 日，人事部中国地方政府绩效评估体系研究课题组发布《中国政府绩效评估报告》（以下简称《报告》），这是中国第一部有关中国地方政府绩效评估的报告。《报告》对青岛、邳州、贵州、上海杨浦、南通和洛阳 6 个地方的政府绩效评估模式进行了典型分析。《报告》显示，对处于转型期的中国而言，地方政府的绩效评估已不再只看重经济发展单一指标，而是以民生为重、以社会协调发展的综合指标为参照系，政府绩效的“终极标准”指向公民满意度。《报告》最大的亮点是探讨如何让普通公众参与政府绩效评估。

党的十八大以来，各级纪检监察机关按照党的十八大提出的“深入推进政企分开、政资分开、政事分开、政社分开，建设职能科学、结构优化、廉洁高效、人民满意的服务型政府”的要求，积极探索全面履行行政效能监察的有效途径，通过改革行政管理体制，建立完善行政审批制度，建立绩效评估等运行机制，加强效能建设，促进政府效能提升。在地方层面，2012 年，河北省颁布实施了《关于对损害发展环境行为实行问责的暂行规定》，规定中对行政审批、行政征收、行政检查、行政处罚和行政管理的具体问责行为进行了明确说明。对行政机关及其公务员在履行行政职能过程中出现的推诿扯皮、效率低下、态度消极、工作不力及损害发展环境的行为，将依据《关于对损害发展环境行为实行问责的暂行规定》进行严肃问责。

公众是政府的服务对象，对政府的工作最有发言权，引入公众对政府绩效的评估，是真正把公众的需求和意愿作为政府改进工作的导向，是政府绩效评估的终极发展目标。

第二节 效能监察的几种类型及特点

一、立项式效能监察

立项式效能监察是以某一领域、某一行业、某一单位的效能问题为分类标准和监察内容，采取规范化的立项方式，以事中监察和事后监察为手段所开展的行政效能监察活动。对立项式效能监察发现的问题，通过监察建议书、监察决定书等法定文书形式，及时予以制止和纠正。体系式效能监察是以行政组织的行政效能保障体系为蓝本，通过指导监察对象构建行政效能保障体系和主动优化体系的方式，实施事前监察；同时，监察机关通过不间断地对行政效能保障体系进行审核、认证，实施事中监察，最终达到提升行政效能的目的。

立项式行政效能监察的基本程序，通常是弹性化规定，而不是硬性规定。《行政监察法》以及《行政监察法实施条例》中关于执法监察的程序，是开展立项式效能监察的参考性依据，而非强制性依据。在倡导灵活和创新的原则前提下，监察机关应当根据项目的类型和特点，选择合理、适当的程序。

立项式行政效能监察，是当今监察机关普遍采用的效能监察模式，这一模式的最大优点是以监察机关为主体，以效能问题为导向，以效能执法监察为手段，重点解决行政组织突出的效能低下问题。然而，行政组织的效能问题，是行政系统的多因素集合的反映，它涉及行政体制、行政伦理、行政流程、激励机制、行政成本、行政战略、行政目标和行政质量等诸多因素。而立项式效能监察是突出效能问题的线性解决方案，它凸显为监察机关为主导的事后型效能监察，因而，无法解决多因素导致的效能问题和实施预防性的效能监察。同时，未能充分发挥行政组织在效能建设中的主体作用。在这种境况下，体系式效能监察模式应运而生。体系式效能监察模式是在构建行政效能保障体系的基础上，监察机关通过对“行政效能保障体系”经济性、效率性和效果性的监察，督导行政组织持续地提升行政效能，最终实现行政组织及其公务员廉政与勤政的双重目标。

二、体系式效能监察

体系式效能监察是相对立项式效能监察而言的，立项式效能监察的属性之一是监察客体的特定性，或针对特定的效能问题，或针对特定的监察领域，或针对特定的业务活动，进行选题立项，实施效能监察。而体系式效能监察更显现为常态性，即建构“行政效能保障体系”这一制度平台，整合监察机关的效能监察职能和行政组织的效能建设职能，实现行政组织整体效能的最大化。开展体系式效能监察是“以事前控制、过程控制为主，以事后控制、结果控制为辅”的监察思想的体现。

体系式效能监察模式的基本内涵可概括为：“一个原理，二个体系，三个阶段，四个环节”。

（一）一个原理

一个原理即过程管理原理。该原理来源于ISO9000：2000《质量管理体系基础和术语》中，将过程定义为：“一组将输入转化为输出的相互关联或相互作用的活动”。过程管理是指：使用一组实践方法、技术和工具来策划、控制和改进过程的效果、效率和适应性，包括过程规划、过程实施、过程监测（检查）和过程改进（处置）四个部分，即PDCA循环四环节。PDCA（plan－do－check－act）循环又称为戴明循环，是质量管理大师戴明在休哈特统计过程控制思想基础上提出的。

行政组织存在的价值，在于为社会提供公共产品和公共服务，因此，从宏观角度分析行政组织运行机制的发展变化，可以归纳为行政过程。而每个行政过程中包括的各种行政管理活动是相互联系、相互作用的，行政过程本无原始的起点，也不可能有最后的终点。但从微观的角度和事物发展的阶段来分析，一个行政过程却可以包括以输入为起点，以输出为终点的一组活动。因此，可以认为行政过程的划分是人为的，是为实现一定的行政目的服务的。行政过程的输出，应该是一组活动的行政目标，体现为特定的公共产品或者公共服务。而输入则是为完成行政目标所需要的公共资源，公共资源的物质属性体现为行政成本。因此，一个微观的行政过程，就是配备适当的公共资源实现一定的行政目标和明确要求的一组行政管理活动。每一个行政过程都有输入，这些输入可以是各种硬件、软件和信息。行政过程输出是行政过程的结果公共产品和公共服务。它们有可能体现某一公共设施的投入使用、某一特定的利民政策的出台，即为公共利益的政府行为。每个行政过程的活动只有利用公共资源（包括政策资源、人力资源、物质资源和环境资源等），才能使输入转化为输出。因此，公共资源是实现行政过程的条件。

各种行政过程，因其输入不同、输出不同，包括活动的不同和利用资源的不同，就导致了行政过程的多样化和复杂化。行政过程及其结果以及人们对它的要求常常是“无形”“不可重复”“多样化”“带有情感色彩”“不可贮存”的特点，同样使监察机关无力改变监察对象那些已经固化的“低效”和“不良”的事实，充其量只能是发现它们，确认它们，给人们敲一敲“就事论事”的警钟。即便是通过立案调查给有关责任者以纪律处分，同样也弥补不了“低效”“不良”造成的实际损失。在行政效能监察过程中也很难像在廉政监察中那样得心应手地应用，因为，对行政效能状况考评认定存在一定的困难，以及多数具体的“低效”“不良”现象，大都不在法律法规和行政纪律以及行政机关内部管理规范的明确禁则之列，使监察部门在开展行政效能监察时，往往因为基于没有具体的依据和标准，而无法实施奖惩。

可见，行政过程的多样性和复杂性与行政效能监察方式和手段的单一性之间极不协调，成为我们开展行政效能监察，实现提升行政效能，实现行政目标的主要障碍。因此，监察机关必须面对的首要问题是：创新效能监察方式，能够游刃有余地实现对不同类型的行政组织的有效监督。

ISO9000：2000 标准为我们解答这个问题提供了非常有价值的理论和路径。运用 ISO9000 质量管理体系能够使一个组织的各项工作的各个环节，都能按照既定的程序，在事前、事中、事后全过程得到监控，环环相扣的过程控制以及质量评价、自我纠正、持续改进的工作机制，显然能解决目前政府管理中存在的效能问题。ISO9000 认为：通过“过程方法”将活动和相关的资源作为过程进行管理，可以更高效地得到期望的结果。即系统地识别和管理组织所应用的过程，特别是这些过程间的相互作用关系。用基于事实的决策方法来识别组织所需的过程，用管理的系统方法协调优化过程的关系，使其形成一个过程网络，发挥过程体系的整体优势，达到控制过程的目的。“过程方法”力求实现持续改进的动态循环，使组织获得可观的收益，典型表现在产品、业绩、有效性、效率和成本方面。“过程方法”还通过识别组织内的关键过程、过程的后续发展和持续改进来促使组织以顾客为关注焦点，提高顾客满意度。其中过程方法是核心，基于事实的决策方法是基础，实现管理系统的优化是目标，从而建立与实施一个适宜、充分和有效的质量管理体系。ISO9000“过程管理”的思想移植到行政效能监察中，我们可以得出以体系式效能监察的基本内涵：

（1）行政组织通过效能建设构建以效能为核心的行政效能保障体系。该体系对组织结构、行政流程、激励机制、行政成本、行政战略、行政目标和行政质量要素，制定明确的准则、程序和监控方法。值得强调的是，该准则、程序和监控方法的实体性不是由监察机关加以规范和设定，而是由具体的行政部门进行填充和完善，实现效能建设的价值回归的。

（2）监察机关依据各个行政组织行政效能保障体系的基本准则和要求，针对行政组织的实际状况，实施效能监察。即将行政效能保障体系的要求转换为效能监察审核标准，通过制定相应的审核标准，通过考评和奖惩，督导行政组织效能的提升。

（3）监察机关在重点监控监察对象的行政效能保障体系的基础上，指导监察对象完善和优化自身的行政效能保障体系，通过不断对体系进行审核、认证，持续性地推动行政效能的提高，从而更经济、更高效地履行效能监察职能。

（4）监察机关对行政组织的行政效能保障体系的审核，应当与行政效能监察的考评和奖惩有机地结合起来，充分发挥监察机关的监督职能。

（5）体系式效能监察与立项式效能监察，不是对立的两种监察方式。在开展体系式效能监察中，有可能针对业已出现的突出效能问题实施立项式效能监察，增强效能监察的专项性力度。通过立项式效能监察，扫清行政组织存在的突出的效能问题，使行政组织归于常态，对具有常态性的行政组织，实施持续性的体系式效能监察。

（二）两个体系

即行政效能保障体系和行政效能监察体系。行政效能保障体系是由行政组织负责建构，行政效能监察体系是由监察机关负责建构。行政效能保障体系是开展体系式效能监察的前提，而体系式效能监察是行政组织实现持续性提升效能的外在压力和促进机制，在效能建设中，二者缺一不可，形成互动关系。

行政效能保障体系具有双重功能，一方面，行政效能保障体系是开展效能监察的重要制度平台，体系的构建，为效能监察工作提供了工作平台和评价标准，如果一个行政组织未能建构行政效能保障体系，那么，繁重复杂的效能建设工作由谁承担，就成为一个难以梳理的棘手问题。行政效能保障体系的建构，减轻了效能监察的工作量，将应当由行政组织自身履行的效能建设职责，以行政效能保障体系的制度方式加以确定，从制度上明确了行政组织与监察机关之间的职责分工。另一方面，行政效能保障体系的建构，极大地丰富了效能监察的内涵，体系式效能监察和立项式效能监察共同构成效能监察的车之两轮，鸟之两翼，为效能监察职能的充分发挥提供了制度保证。

行政效能监察体系的重要组成是指行政效能监察的审核机制和奖惩机制。通过审核，以行政效能保障体系为样板，发现行政组织的效能问题，提出改进措施，实施行政效能水平的等级认定；通过奖惩，实现事前控制、过程控制与事后控制、结果控制的有机结合。体系式效能监察审核机制的核心是行政效能保障体系审核表，即以行政效能要素体系的各项要素为对象，以过程管理原理为指引，结合监察机关的职权和监督方式，设计行政效能保障体系审核表。

（三）三个阶段

即效能建设与行政效能保障体系建构阶段、行政效能保障体系审核阶段和行政效能监察考评与奖惩阶段。在效能建设与行政效能保障体系建构阶段，我们应当注意它们二者之间的关系。首先，效能建设工作的外延要远远大于行政效能保障体系的建构。效能建设的主体可以是一个行政机关，也可以是一级政府，而行政效能保障体系的建构主体主要是行政机关。其次，效能建设工作是多方位的，既包括立项式效能建设，与效能问题相关的廉政建设，同时也包括行政效能保障体系的建构。

在行政效能保障体系审核阶段，包含着两种审核，即以行政组织为主体的内部审核和以监察机关为主体的外部审核。行政组织的内部审核包括公务员的自我评价、管理部门的自我评价和行政组织自行展开的审核。内部审核一般由行政组织内部负责体系保障的部门承担。它的主要目的是审核规则、程序和方式的符合性，同时还应当针对有问题或者体系变更的区域制定特别审核方案；监察机关为主体的外部审核是由监察机关、其他政府组织以及社会非营利组织实施。它还可以进一步分为第二方审核和第三方审核。第二方审核是指监察机关的审核，该审核中，监察机关可以引入其他外部机构参与，但此类审核应当是以监察机关为主导，其他参与的外部机构享有建议权，而不具有决定权。第三方审核既包括法律要求的审核，如政府为执行法律或者实施特定的公共政策，而对执行法律和政策的行政机关的审核；也包括行政组织自己发起，为保证公正性而由外部机构实施的审核。

行政效能监察考评与奖惩阶段，不管是立项式效能监察还是体系式效能监察，均涉及行政效能监察的考评和奖惩。考评与奖惩是体现监察职能的关键阶段，它的功能是行政组织自身无法取代的，是监察机关有别于行政组织效能建设的重要划分标准。

（四）四个环节

是指行政效能保障体系运行中，对行政过程进行控制和管理所采用的“PDCA”方法。可简述为如下四个环节：

P——规划。根据社会公众（尤其是行政相对人）的要求和行政组织的战略方针，为提供公共产品和公共服务，确立必要的行政目标和规划具体的行政过程。

D——实施。严格按照行政过程的要求实施。

C——监测（检查）。根据行政战略、行政目标和行政质量的要求，对行政过程、公共产品和公共服务的状况，进行监控和测量，认定事实，获取证明事实的证据，并得出效能状况结论。

A——改进（处置）。采取针对性措施，以持续改进行政过程的效能。

具体而言，行政过程控制原理可分解如下：

第一环节：规划。从行政过程类别出发，识别行政组织的价值创造过程和支持过程，从中确定主要价值创造过程和关键支持过程，并明确行政过程输出的对象，即行政过程的服务对象和其他相关方。规划是一个分析现状、抓住主要问题，确定服务对象和其他相关方的需求，建立可测量的行政过程效能目标的一系列活动。基于行政过程的各项需求，融合电子技术和所获得的信息，进行行政过程的设计或重新设计。规划的结果形成若干行政程序，并以文件的方式得以固化，称之为程序文件。行政程序当中的内容通常包括：行政活动的目的和范围；做什么和谁来做；何时何地和如何做；应使用什么材料、设备和文件；如何对行政活动进行控制和记录。

第二环节：实施。行政过程中行政部门以及公务员均应当熟悉行政过程的设计理念、设计内涵，并严格地执行程序文件的各项规定，为达到认真有效地执行行政程序，应做好思想教育和技能培训工作，解决工作积极性和工作能力的问题。同时，应当注意与下一环节的互动：一是根据行政组织内外部环境、因素的变化和来自社会、服务对象等的信息，在行政过程的程序文件的柔性范围内对行政过程进行及时调整；二是根据行政过程监测所得到的信息，对行政过程进行控制，使行政过程稳定受控并具有足够的过程能力；三是根据行政过程改进的成果，实施改进后的过程。

第三环节：监测（检查）。行政过程的监测包括行政过程实施中和实施后的监测，旨在检查行政过程实施是否遵循行政过程的程序文件的设计要求，达成行政过程设定的行政目标。行政过程监测可包括：公共政策和行政决策制定过程中的评审、验证和确认；行政执行过程中的过程检验和监控；行政过程中的内部效能审核和外部效能审核，行政结果和行政目标达成度的审核考评，等等。

第四环节：改进（处置）。行政过程改进分为两大类："突破性改进"是对现有行政过程的重大变更或用全新的行政过程来取代现有过程（即创新）；而"渐进性改进"是对现有行政过程进行的持续性改进，是集腋成裘式的改进。对检查中发现的问题进行评审，分清性质和严重程度进行改进，并确定是否需要制定预防和纠正措施，并对预防、纠正措施跟踪验证。必要时修改程序，实现持续改进。在行政过程的改进中，应当特别强调：是否了解并达成行政相对人的需求？行政过程的附加价值是否得到增加？行政过程中是否产生过程效能与过程成果？是否以客观测量值为基础，持续改进行政过程。

第三节　效能监察组织的基本模式

就廉政监察的属性而言，主要是查处违法违纪。从法律规范的视角来看，违法违纪行为的构成要件基本一致，其内容、程序、方法和手段，均具有明确的法律依据，故此不同的地区和单位，在开展廉政监察中，其组织结构呈现规范、统一、整齐划一的格局。而行政效能监察组织却截然相反，其组织机构的设置，呈现多元化趋势。其根本原因在于：

第一，至今我国还没有在法律、法规和规章中，赋予行政效能监察组织以明确的法律地位，地方政府的规范性文件中虽然明确提出了行政效能监察机构的概念，如《河南省行政效能监察办法》第 3 条规定："行政效能监察工作应当在本级人民政府和上级监察机关的统一领导和指导下进行。"然而，就行政效能监察工作机构的基本内容和组织形式，绝大多数法律规范未进行明确的界定，各地政府往往是实事求是，因地制宜，设置适应本地区、本部门的行政效能监察组织。

第二，由于作为行政效能监察对象的各级各类行政组织，其管理职能具有较大差异，有的是行政执法类，有的是综合管理类，也有的是内部管理类。这就面临一个行政效能监察目标多元化的问题，由于目标的不同，政策的差异，因此，在建构行政效能监察机构时也就不统一。

第三，行政监察组织的领导体制决定了政府对行政监察机关具有绝对的控制能力，因此，不同的地方政府对行政效能监察的认识有很大的差异。有的地方政府认为，行政效能监察是政府管理不可或缺的重要职能，故此，在政府中成立行政效能建设领导小组等机构，扩大行政效能监察机构在政府管理中的作用。也有的地方政府认为，行政监察机关主要职责就是廉政监察，就是案件查办，效能监察不是其核心职能，提升效能监察的职责归属政府自身。在不同的政策指导下，行政效能监察机构的设置也就呈现多元化。

因此，我国行政效能监察组织的多元化趋势，也为探索中国特色的行政效能监察创新之路提供了多种选择。当前，行政效能监察组织的定位、设置以及职能正处在一个初创时期，其主要的组织模式有以下几类。

一、行政效能监察组织的一般模式

当前，绝大多数的行政监察机关，其行政效能监察职能，基本上是由行政监察机关的执法监察职能部门承担。这是执法监察在行政效能监察外延概念的监察理念的客观体现，是长期以来行政监察发展历程的自然归纳。源自这一理念，导致从组织基础上混淆了行政效能监察机构与执法监察机构的根本区别，束缚了行政效能监察职能的发挥。因此，将行政效能监察组织从执法监察组织体系中独立出来，两者之间进行明确的职责区分，构建一个符合监察职能发挥和监察目标实现的组织架构，是行政监察制度改革的重要途径。行政效能监察机构的一般模式，如图 4－1 所示。

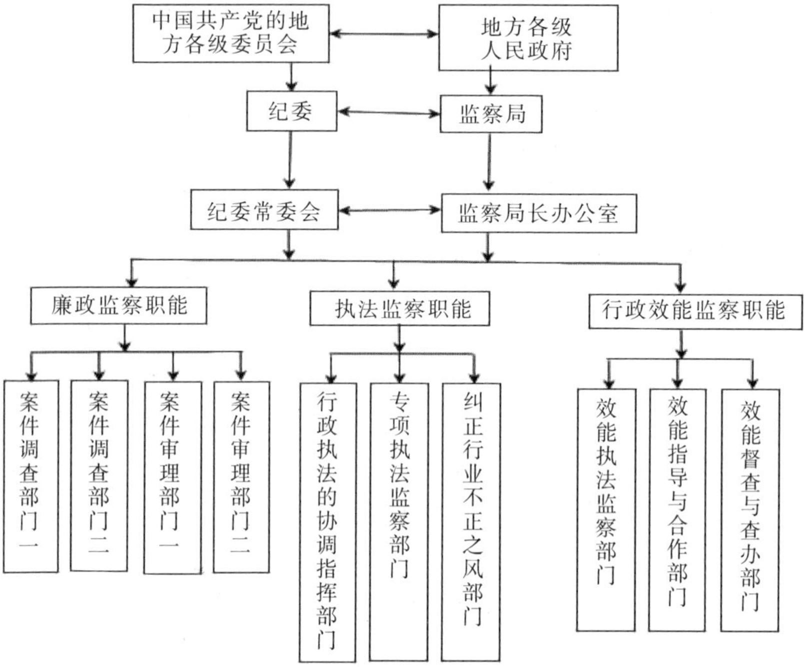

图 4－1　行政效能监察机构的一般模式

依据图 4－1 所示，行政效能监察机构呈现以下特征。

（一）明确了行政监察工作的三重职能

监察工作的三重职能，即廉政监察职能、执法监察职能和行政效能监察职能。廉政监察、执法监察和行政效能监察三项职能优势互补，共同组成构建惩治与预防腐败监督体系的重要机制。但是，三者的具体内涵是什么，通过何种制度平台使之最大限度地发挥整体性功能，是组织建构中必须解决的问题。基本原则是：（1）廉政监察与行政效能监察是监察机关的两项主要职能，执法监察（有的监察机关定位为政令检查）是辅助性职能，或者称之为手段性职能。（2）三项职能的分工是协调下的分工。即在完成行政监察总目标中使各分系统的努力达到统一。活动的差异性越大，职能的专业性越强，协调难度越大。因此，廉政监察与行政效能监察的协调难度较大，而执法监察与廉政监察同行政效能监察的协调则相对容易。（3）应当明确协调的依据。行政组织通常建立三种机制来进行协调。即指示型、自愿型和促进型。行政效能监察机构同廉政监察机构和执法监察机构的协调，更多地应当体现自愿型和促进型。协调来源于能力，某些监察人员可以同时任两个机构的职位，起到协调作用。(4) 将执法监察定位为实现廉政监察和行政效能监察的手段和途径，以廉政执法监察和行政效能执法监察为其基本职能。因此，执法监察机构通常成为沟通廉政监察与行政效能监察的重要平台。

(二) 实行纪委与监察合署办公体制下的科层制

在具有特色的合署办公体制下，行政效能监察机构如何利用好这一体制的优势，是值得研究的问题。合署办公体制与其他形式的组织相比，能够保证实现组织效率的最大化。

第一，合署办公体制，能够最大限度地发挥执政党的社会动员能力和利益综合能力，并涵盖所有的监督对象，确保制度体系的普遍性价值。

第二，其组织分工和工作程序具有稳定性和可靠性。以稳定的规章制度和稳固的科层制结构为基础，具有稳定性。由于排除党政两个系统的冲突和不协调问题，因而在实现规定的行政目标方面，具有可靠性。

第三，除通过法律规范来实现政令畅通外，更重要的是科学地运用党的政策来加强执行力。

(三) 行政效能监察机构三分化

为更好地履行行政效能监察职能，增加行政效能监察机构的配置的合理性，将行政效能监察机构一分为三：(1) 行政效能执法监察部门。即依据法律、法规和政策，以及相应的制度规定、考核指标，对行政组织的执行状况实施执法监察。(2) 行政效能指导与合作部门。即为适应复杂多样化的经济和社会管理需要，基于国家的法律精神、原则、规则或政策，适时灵活地采取指导、劝告、建议等非强制性方法，或者与行政组织建立行政效能项目的合作制，谋求行政组织认可或协同，以有效地实现提升行政组织的行政效能的目标。(3) 行政效能问题督办部门。即依托行政效能执法监察和受理行政效能投诉的途径，发现行政效能问题，根据管辖分工，督办行政组织或者自行实施调查处理。

二、行政效能投诉中心模式

对此类行政效能监察机构，各地称谓不同，“行政投诉中心”“行政效能投诉中心”“行政效能监察投诉中心”（以下统称“行政效能投诉中心”）等。目前，全国行政效能投诉的受理模式和工作机构有五种类型：第一种是最为典型的模式，即成立政府行政投诉中心；第二种是由省纪委监察厅效能监察室负责承担效能投诉的管理；第三种在行政服务中心内设置监察机关的受理窗口；第四种是与执法监察室合署办公；第五种由省纪委监察厅执法监察室负责受理效能投诉。行政效能投诉中心的设置，基本是在维护现行监察组织体系基本架构和正常运转的情况下的渐进式制度创新。其创新之处在于不破坏现有的行政监察制度格局，在确保行政监察职能和行政监察组织相对平衡的条件下，将行政效能监察组织独立化，行政效能监察职权具体化。这一制度体系具有较强的普适性，易于推行，便于操作。但由于其先天制度设计上的妥协性，其功能发挥的充分性和有效性也引起质疑。在这里，我们仅以最典型的模式，即政府成立行政效能投诉中心进行分析。

（一）行政效能投诉中心的组织建构

行政效能投诉中心是多中心制度安排模式和治理网络模式的科学运用和有机结合。在这一体制中，行政效能投诉中心既是人民政府的投诉中心，同时又是行政监察机关的行政效能监察机构。一方面，在人民政府的统一领导下，承担行政效能管理与监督的职责，成为政府实施行政效能监管的主体；另一方面，在行政监察机关的领导下，根据上级监察机关的政策要求和本级监察机关的廉政勤政的总体安排，开展行政效能监察工作。

同时，行政效能投诉中心以受理权和监督权为纽带，以行政效能问题为范围，构建治理网络。该治理网络主体包含着人民政府、上级行政监察机关、本级监察机关、各级行政效能投诉中心、行政效能监察对象（主要是政府职能部门）、行政相对人、其他公益性组织等。行政效能投诉治理网络，意味着更加水平化的治理结构。在这种结构中，不存在一个中心的目标和策略，更不可能以某个组织的单方目标作为治理网络绩效的标准，在充分整合各个行动者拥有资源的同时，实现整体效能最大化。

（二）行政效能投诉中心的领导体制

行政效能投诉中心的领导体制具有以下特征：从领导体制的视角来看，行政效能投诉中心受本级人民政府和本级监察机关双重领导。行政效能投诉中心既是本级人民政府负责行政效能管理的职能部门，同时又是行政监察机关实施行政效能监察的职能机构。行政效能投诉和行政效能检查、指导以本级人民政府领导为主，行政效能事项的调查处理以本级监察机关领导为主，即以行政效能的业务内容作为划分领导关系的标准。下级行政效能投诉中心的领导体制是三重领导关系，即行政效能投诉中心受本级人民政府、本级行政监察机关和上级行政效能投诉中心三重领导。

（三）行政效能投诉中心的职责

行政效能投诉中心的职责主要为：受理效能问题投诉、重要事项的直查快办、根据管辖分工协调督办、实施效能指导与合作、开展行政效能检查。行政效能投诉中心通过接待来访，接受来函，设立投诉电话、网上投诉和投诉箱等方式，负责受理对行政机关效能问题的投诉，并向投诉人反馈投诉件办理的结果。

1. 受理效能问题投诉

在不断充分发挥现有投诉受理渠道作用的同时，主动深入有关部门和地区，不断拓宽投诉渠道。与人大、政协相关部门建立投诉信件转交、投诉卡、联席会和约谈等机制，进一步畅通人大代表、政协委员的投诉和反馈渠道。加强与综合管理部门、行政服务机构的协调沟通，探索建立相对固定的联系渠道，推进建立相应的行政投诉机构。加强与新闻媒体以及特约监察员队伍的联系，建立健全多角度、多层次的投诉渠道。

建立快速分流机制，准确分类筛选投诉件。应当细化投诉事项，建立投诉件的分类标准；建立投诉件会商协调制度；建立投诉件分流移送程序；建立分流移送件督办制度。

2. 重要事项的直查快办

重要事项的直查快办是行政效能投诉中心发挥职能的特点，也是行政效能投诉中心的生命力所在。“直查”突出独立查办，不受其他机关的影响；“快办”突出时效性，明确办结时限。当前，影响直查快办成效的主要障碍源自投诉中心本身没有行政处分权和惩戒手段的单一化。一方面，涉及行政处分事项，投诉中心仅仅具有建议权，而无直接处分权，导致投诉中心无法充分行使职权。造成这一现象的原因除当前案件查办的分级管辖制度的缺陷之外，还在于对行政效能投诉中心的法律地位没有得到明确。行政效能投诉中心是人民政府专司效能管理和效能监督的机关，凡涉及效能问题的单位、人和事项均有权进行监督管理。凡涉及人民政府直接处分的监察对象，由人民政府委托，以人民政府的名义行使处分权。凡属于行政监察机关直接处分的监察对象，相关的案件办理部门可以将涉及行政效能问题的行政处分权分离给行政效能投诉中心行使。

另一方面，惩戒手段单一，主要表现为对违反效能有关规定的单位给予通报批评；对违反效能有关规定的人员给予诫勉教育、效能告诫的处理。而这种惩戒手段往往不足以解决行政效能低下的诸多问题。

3. 协调督办

协调和督办，二者之间是有机联系、互为补充的关系。没有督办职权，也就无法开展强有力的协调；未进行具有可行性的协调活动，督办工作也就不具有科学性。行政效能监察在实施过程中，一定会涉及方方面面的问题，需要行政效能投诉中心进行具体协调，使各有关部门取得共识，相互配合，相互支持，以形成工作合力。行政效能投诉中心的实践经验告诉我们，行政监察机关在实施过程中的具体指导和协调，对推动行政效能监察工作的有效进行起着极为重要的作用。行政效能投诉中的协调可以采取以下两种方式：

（1）指导型协调。它是层次管理结构的上下级之间的一种纵向协调方式。指导型协调通常采取灵活的、疏导的办法，包括咨询、指导、建议、劝说、激励、典型引导、重点辅助等。它是在不侵犯行政效能监察主体的权限、不强行干预行政效能监察主体行动的前提下，按照上级意图进行的一种协调活动。

（2）自愿型协调。这种协调也叫协商型协调。它是水平结构的同级部门或个人之间的一种横向的协调方式。这种协调方式是协调双方相互自愿地寻找配合措施和协作办法，以使自己的行动与他人的活动相一致，共同促使行政效能监察主体顺利达成共识的协调过程。因此，自愿型协调是建立在互通情报、彼此沟通、互谅、互让、互助、互利的基础上的一种协调方式。

4. 实施效能指导与合作

行政效能投诉中心不仅是受理效能投诉，查办效能低下、违法违规案件的机关，同时也是负责效能管理，提供效能管理服务和咨询的服务性机关。如果从前瞻性的视角进行设计，行政效能投诉中心应当打造成为具有行政效能监察和行政效能服务双重职能的机关。故此，构建一个能够有效提供行政效能服务与咨询的组织，培育一支熟悉行政效能管理的监察队伍就显得很有必要。

5. 开展行政效能检查

行政效能检查，目的在于获取行政效能监察对象的运行信息，对行政效能监察过程进行有效的控制，确保行政效能监察目标的顺利实施和实现。具体地说，通过检查，一是便于领导者全面了解行政效能监察对象的情况，准确掌握各项执行目标的进度，综合平衡，全面调节。二是便于及时发现行政效能监察对象存在的问题，避免造成行政效能监察目标偏差过大，增大纠正难度。三是便于各行政效能监察主体之间的相互交流，自觉协同，防止行政效能监察中的内耗行为。四是便于及时了解行政效能监察对象的困难和要求，以便发挥其在实施过程中的咨询、指导和服务作用。检查的内容一般应包括以下几项：

（1）行政效能监察对象的效能推进工作的进度情况。检查各项工作是否按进度实施，有没有超进度或拖进度现象。超进度是属于良性还是非良性？良性的超进度应该鼓励，非良性超进度要进行抑制。拖进度的原因是什么？针对拖进度的原因采取措施。

（2）行政效能监察对象的效能推进工作的质量情况。检查各项目标是否按要求实施，符合不符合质量标准，是否做到了保质保量。

（3）行政效能监察对象的效能推进工作的协作情况。检查与目标相关的各部门所承担的协作责任的落实情况，看有没有“踢皮球”现象，对主动配合、通力协作、积极促成目标达成者要表扬，对配合不好者要给予批评。

（4）行政效能监察对象的效能推进工作的分解目标落实情况。检查各项对策是否实施，是否做到权利义务相统一。每项对策的针对性、有效性如何。

三、“三中心合一”的行政效能监察模式

侵害公众利益的不正之风，在萌芽期未能及时预警、有效遏制的原因，主要有三个：第一，从制度构建视角来看，利益集团①之间力量严重失衡，强势利益集团主导改革的路径，作为弱势群体的劳动力集团在维护自身利益上没有话语权，导致保障弱势群体利益的制度建设严重滞后乃至出现真空。第二，从行政组织科层制的视角来看，行政组织科层制所凸显的等级制和非人格化，极有可能导致政府官员行为取向的唯上、唯官而不唯民，以及那些掌握他人生存和发展机会的官僚对弱势群体的请求的漠视与漫不经心。第三，从监察职能的定位缺失的视角来看，一是重廉政监察，轻行政效能监察。廉政监察与行政效能监察是行政监察机关的两项主要职能，这是毋庸置疑的。然而，在监察立法上，行政效能监察实质被边缘化，无明确的法律依据；在组织机构和职权手段上，缺乏具有可操作性的制度保证。从而导致行政效能监察始终处于时有时无、时轻时重，似突破而未突破的尴尬境地。不可否认的是，行政效能监察在提升政府公共管理能力和从源头治理腐败方面的作用，与能否有效遏制侵害公众利益的不正之风之间，存在着紧密的关系。二是由于行政监察机关与监察对象之间存在着严重的信息不对称，对损害社会公众利益的施政行为无法做到近距离监控，从而无法预警，遏制苗头性、倾向性问题的发生和抬头。

综上所述，我们可以得出三个结论：第一，侵害社会公众利益的不正之风，在萌芽期未能及时预警、有效遏制的根源，在于多主体博弈中，强势主体决定了改革路径和政策取向，从而导致对弱势群体保护的错位。因此，对侵害公众利益的不正之风的治理，应当采取多中心治理的策略和建构多中心治理的制度平台，以削减强势集团的权能。第二，在理清廉政监察与行政效能监察的内在关系及其重要性的同时，探索行政监察机关在多中心治理中的地位和功能，使其能成为多中心治理的核心动力。第三，如何使多中心治理

① 利益集团是指为了基本一致的政治、经济或社会利益，而自然联合起来的一些群体，不管他们占全部公民的多数或少数，他们的利益与公共利益是相抵触的，其利益的获得，是以公共利益的损失为代价的。如以获取生活资料的手段为标准进行划分，可分为四大利益集团：权力集团、资本集团、知识集团和劳动力集团（弱势群体集团）。

平台与行政监察机关的职能发挥有机地结合起来，形成一个有效的治理模式。

（一）路径——建构“三中心合一”的治理模式

多中心治理模式考虑的是公共组织之间的制度安排，它涉及的主要是各行政组织之间的关系模式和互动规则、政府和其他社会实体（公民个人、企业、非政府组织等）在政府治理过程中形成的关系形态。而这种关系形态之所以能够相对稳定，其逻辑前提在于他们之间存在着利益上的和资源上的相互依赖，通过资源的交换而实现各自或共同的利益。

由此可见，有效实现多中心治理必须具备两个条件：一是建构能够包容多主体参与的制度平台，使所有的主体能够在这一平台上进行资源交换而实现各自或共同的利益；二是多中心治理中必须有一个主导机关，进行督导和推进。我们的答案是：第一，该制度平台是“三中心合一”的制度平台。即将行政审批中心（政府的监管功能）、行政服务中心（政府的服务功能）和行政投诉中心（政府的监察功能）整合在一起，建构一个面向社会公众、发挥多种功能、相互进行资源交换、共同实现公共利益的制度平台。第二，负有廉政监察和效能监察职能的行政监察机关必然成为该制度平台的主导机关。因此，在建构这一制度平台中，必须解决几大难题：

（1）行政监察机关成为主导机关的合法性和合理性问题。一是《行政许可法》明确赋予行政监察机关对行政许可行为（行政审批行为）的监督检查权。二是《行政监察法》赋予行政监察机关在“改善行政管理，提高行政效能”中的主体地位。同时，行政效能监察的重要内容之一是通过改进服务来提升政府的行政效能。故“行政服务”必然成为其题中应有之义。三是行政投诉中心是行政监察机关受理效能投诉和调查处理的重要部门。四是行政审批制度改革的主导机关是行政监察机关。综上所述，行政监察机关具有成为主导机关的合法性和合理性基础，即在行政监察机关的直接领导下，三个中心统一归行政监察机关领导。

（2）如何通过整合使“三个中心”实体化。目前的行政审批中心和行政服务中心仅仅是服务性、事务性组织（有的甚至是事业单位），仅仅是政府具有行政审批权的职能部门的集中办事场所，在法律来源、功能定位和机构属性等方面存在缺陷。行政审批中心无权对进入中心的政府职能部门行使有效的监管权，这也是导致侵害社会公众利益的行为不能及时被遏制的重要原因。因此，将审批权与管理权分离，对审批机关的管理权收归行政审批中心，在行政监察机关的领导下，运用监察职权来保障管理权的行使。可见，行政审批中心“三中心合一”的整合过程，也就是行政监察机关通过行政审批中心的平台，强化对行政审批机关监管的过程。

（3）电子化手段是克服“三中心合一”障碍的有效途径。对电子化政府最大的期望莫过于突破官僚制。在电子化政府中，行政组织以信息流动为基础，而不是组织内的等级；政府部门间的互联网连接，使得政府部门间的合作更加有效率和无缝隙；低成本地搜集和传送各种信息和数据，可以降低管理的集权化程度；多点同时登录获取信息，提升了政府间合作的能力。可以说，通过信息技术，官僚制命令链条中的多层级的控制机关被大幅度简化了，而这方面北京市监察局的“全程办事代理制”监控系统、深圳市监察局的“行政审批电子监察系统”的成功模式值得借鉴。

尤其是深圳市监察局“行政审批电子监察系统”投入试运行，标志着行政效能监察电子化和数字化已经进入较为成熟的时期。通过该系统，监察部门可对全市 31 个部门、239 个行政许可事项进行全程监控。2006 年 1 月，深圳市 28 个部门的 197 项非行政许可的其他审批事项也纳入监控。该系统由内网软件核心系统、视频监控系统和行政审批网站三个部分组成，具有实时监控、预警纠错、绩效评估、信息服务四项功能。在系统的监察下，每一个行政审批事项从开始办理，软件系统就会自动采集每项行政审批办理过程的详细信息，监察机关同步监控行政审批的实施过程。与此同时，通过设置在服务窗口上的视频监控点，还可以对公务员的工作作风、服务态度和办事效率等情况进行现场监督。审批过程中如果发生违规行为，系统将根据预先设置的每一项行政审批事项的审批内容、法律依据、审批条件、审批程序等 14 个规范化要素和详细规定，对违反这些规范化要素的具体情形，分别给予“预警”“黄牌”“红牌”警告，并自动通知行政审批责任人，监察机关还将同时进行督促整改和调查处理。对于各部门、各岗位的行政效能，该系统将根据设定的“行政审批绩效评估量化标准”，分 70 个小项考核审批部门的工作绩效，同时分 49 个小项考核各部门工作人员的绩效，自动进行打分、考核和排名，并将部门的考评结果每月向社会公布。

（二）“三中心合一”的治理模式

任何现实问题的凸显，均有其深刻的制度背景。追根溯源，发现其内在动因，以科学的发展观和创新的施政理念，从制度建构入手，全面构建“三中心合一”的制度体系（图4－2），是建立健全教育、制度与监督三者并重的惩治与预防腐败体系的基础性工程之一。但是，制度建设不可能一蹴而就，创新型制度建构更是如此。

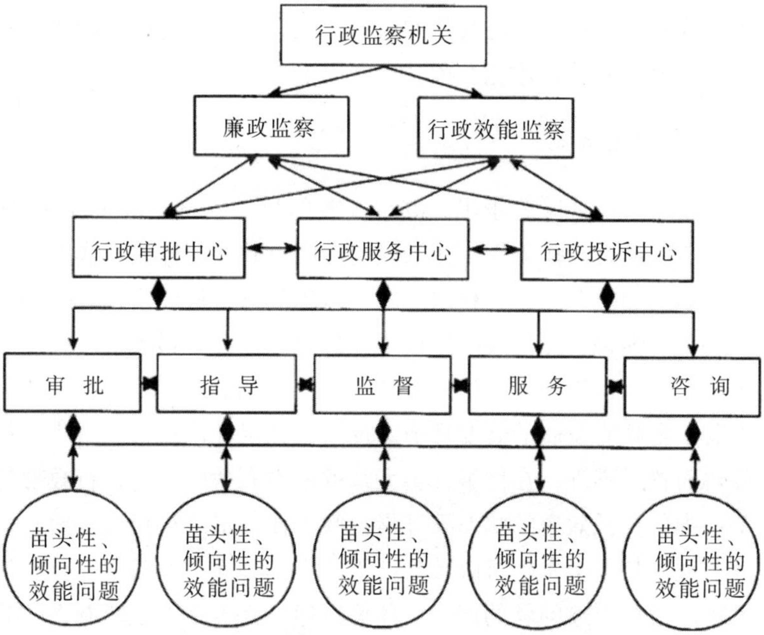

图4－2　“三中心合一”治理模式结构图

综上所述，在建立和完善行政效能监察组织的过程中，应当牢固树立前瞻性、灵活性、多样性和合理性的建构理念，移植先进科学的组织建模方式，赋予各级各类行政监察机关在一定的原则性的前提下以更大的自由建构空间，不搞一种模式、一个样板，真正将科学发展观贯穿于行政效能监察组织建设的始终。

第四节　效能监察制度

一、效能监察与国家治理

行政效能监察虽然也是监察工作的一种类型，与执法监察和廉政监察还是有着很明显的区别。行政效能监察采取监察前、实施中、结束后的全过程监督方式，而且是以行政治理体系和治理行为作为监察客体，从性质、目标、实施方式来进一步差异化其他的监察模式，因此，行政效能监察必须做到定位准确、突出专项，才能发挥其在国家治理中的作用。

（一）提高政府效能

政府部门为了实现服务于民、办事高效的目标，将促进干部作风转变、增强服务品质、提升工作效率，作为政府部门行政效能监察工作的出发点和落脚点，从而主动发现问题、整改问题、解决问题，进而实现政府部门工作规范化程度不断强化，并倒逼政府机关推进效能建设，最大限度激发干部们工作的热情，进而加强做好工作的责任感和使命感。综上所述，对政府进行行政效能监察是政府发展的必要环节。反之，如果任由低效率行为在行政领域长期停留而置之不理，在侵害社会大众的根本利益的同时，行政部门人员整体就都会维持在低效率的状态下开展行政工作，最终将极大阻碍到行政机构的任务实现，甚至会发生行政效能低下的不利场面。有效实施行政效能监察，除了可以避免上述问题的产生，还可以通过完善相关配套制度，对事件实施过程加以有效控制，对全过程甚至是在事件实施前就采取精准监督，从而打造出行政工作全流程有效监督精准防控的监督体系。

（二）增强政府公信力

政府一直致力于拥有良好的公信力，其主要借助于企业、公民、各类社会组织、非营利组织等，开展良好合作和沟通，进而形成良好的关系。这种关系需要建立在彼此的信赖、良性互动的前提下，必须通过强化行政效能建设从而推进政府高效的公共管理，在行政效能监察的作用下，政府主动将行政工作重点转到吸纳社会组织和广大公民的参与上，达到让政府树立成本效益的观念，最终引导政府转型为服务型政府、责任型政府，实现政府公信力的提高。

（三）实现依法行政

依法行政的落脚点，应放在为行政机关及其工作人员制定政策上，我国《宪法》第5条规定，“中华人民共和国实行依法治国，建设社会主义法治国家”。依法治国作为我们国家的重要战略，要求全国各族人民遵守宪法和法律，通过运用法治的手段治理国家。依法治国战略在政府部门中表现为：遵从于法律规定提供公共产品以及公共服务。作为政府高效行政的前提和基础，依法行政是政府开展所有活动、完成所有任务的基础，对行政机关的施政行为开展效能监察，确保按照法律允许的方式行使，判断公权力的实施是否在合法合规的范围内，这也是政府部门发展行政效能监察的重中之重，通过实施行政效能监察来监督公职人员对国家政策法规的落实是否坚决，程序是否标准、规范。

（四）强化政府形象

近年来，我国反腐力度持续加大，广大人民群众的政治意识与维权意识也在不断强化，对待政府部门及机构的要求也不再仅仅停留在保持公正廉洁，还应该依规依纪依法行政、全面落实中央改革部署要求、加强自身创新建设诸多方面。树立良好的政府形象对于政府开展各项工作、推进重点项目建设都有着重要的作用，因此，最大限度地运用好行政效能监察对于政府形象的打造有着十分重要的意义。通过利用行政效能监察手段可以很好地开展社会监督，同时实现权力制衡的作用，进而实现获得公众认同感和社会权威性的效果。行政效能监察，还可以保证维护政府行政主体及机构公正、清廉、高效的工作，缓和人民群众与政府机构之间的矛盾，无形中最大限度地降低了政府在施政工作的社会阻力与成本，可谓一举两得。总而言之，行之有效的发展行政效能监察，将在某种程度上及时找出政府治理的弊端和不足之处，进而及时对施政政策开展适当的调整，最终实现百姓“点赞”的目标。

（五）促进廉政建设

当前，以习近平同志为核心的党中央已经充分认识到加强党风廉政建设将是我们党长期执政的重要根基。2020 年初在北京召开的十九届中央纪委四次全会，习近平总书记出席会议并对全国党风廉政建设和反腐败工作态度鲜明地提出了新的工作要求，即“一体推进不敢腐、不能腐、不想腐，不仅是反腐败斗争的基本方针，也是新时代全面从严治党的重要方略”。通过行政效能监察，强化对于政府公共管理和公共服务行为的监管，进一步在治理过程中抓早抓小，及时发现和避免苗头性、倾向性的贪污受贿不作为乱作为的行为，可以强有力遏制腐败现象繁衍滋生，最大限度地发挥出纪检监察机关的效能。

二、效能监察法律法规

行政效能监察的法律依据源自四方面：《宪法》《行政监察法》《公务员法》《行政许可法》。

（一）宪法依据

《宪法》是国家的根本大法，具有最高的法律效力，是一切立法的基础和依据，同时，也是各级政府履行各项行政职能的依据所在。《宪法》第一章总纲第 27 条规定：一切国家机关实行精简的原则，实行工作责任制，实行工作人员的培训和考核制度，不断提高工作质量和工作效率，反对官僚主义。这一规定是一个规范命题和目标命题相结合的规范。即“一切国家机关‘应当’实行精简的原则，‘应当’实行工作责任制，‘应当’实行工作人员的培训和考核制度”，实现“不断提高工作质量和工作效率，反对官僚主义”的目标。可见，“一切国家机关实行精简的原则，实行工作责任制，实行工作人员的培训和考核制度”是实现目标的途径。然而，由于宪法价值取向的选择面临着较大的复杂性和困难性，宪法规范与宪法所要表达的价值存在着较大的差异，宪法规范无法表达宪法的全部价值。“一切国家机关实行精简的原则，实行工作责任制，实行工作人员的培训和考核制度”不能完全代表“不断提高工作质量和工作效率，反对官僚主义”的全部路径。而行政效能监察所具有的工具性价值自然成为其重要的补充形式。同时，《宪法》第 27 条的规定涵盖了行政效能的两个要素，行政目标的达成度（工作质量）和行政目标的速率（工作效率），这一表述为行政效能的内涵界定，既提供了法律依据，又阐明了学理依据。

（二）专门法依据

《行政监察法》和《行政监察法实施条例》对行政效能监察的表述，更主要地体现在潜在含义方面，这与当时立法过程中对行政效能监察认识不足有极大关系。

1997 年 5 月 9 日颁布的《行政监察法》是我国行政监察工作的一部基本法律，它是调整行政监察法律关系即行政监察机关与国家行政机关和法律、法规授权的具有管理公共事务职能的组织以及国家行政机关依法委托的组织及其工勤人员以外的工作人员之间所产生的权利义务关系的法律规范，是监察机关行使职权，履行职责的法律依据。《行政监察法》第 1 条规定："为了加强监察工作，保证政令畅通，维护行政纪律，促进廉政建设，改善行政管理，提高行政效能，根据宪法，制定本法。"这一条款充分表明了行政监察功能之一是提高行政效能，隐含着提高行政效能必然采取行政效能监察的方式。2004 年 10 月 1 日施行的《行政监察法实施条例》，是国务院为实施《行政监察法》而制定的，是结合实践所作的补充和阐释。《行政监察法实施条例》具有派生性、解释性和补充性的特征。派生性是指《行政监察法实施条例》不是一种独立存在的法规性文书，它以《行政监察法》为前提，是《行政监察法》的派生物。作为《行政监察法》的派生物，只能是对原文的补充、阐释和细节化，使其更加详尽、周密和具体，而不能超出《行政监察法》的内容范围，更不能自行其是，另立法规；解释性是指该实施条例要对《行政监察法》的重要词语、规定事项予以阐释，使其含义更明确、具体，更具有可行性；补充性是指该实施条例还要对原文不够详尽的地方进行补充。故此，《行政监察法实施条例》中与行政效能监察相关的内容体现在以下几方面：

第一，《行政监察法实施条例》第 7 条第 6 款规定：派出的监察机构或者监察人员履行"督促被监察的部门建立廉政、勤政方面的规章制度"的职责。第 8 条规定："派出的监察机构或者监察人员行使与派出它的监察机关相同的权限。"由此可见，行政监察机关及其派出机构，督促被监察的部门建立勤政方面的规章制度的职责，实质上就是行政效能监察行为。

第二，《行政监察法实施条例》第 21 条对《行政监察法》第 23 条第 2 款所称"本级人民政府所属部门和下级人民政府作出的决定、命令、指示违反法律、法规或者国家政策，应当予以纠正或者撤销的”情形的解释是“决定、命令、指示的内容与法律、法规、规章相抵触”和“决定、命令、指示的发布，超越法定职权或者违反法律、法规、规章规定的程序”。其内涵自然包括：因与法律规范相抵触而导致行政效能降低与因超越法定职权或者违反法定程序而导致行政效能降低两种情形。

（三）普通法依据

《公务员法》是对国家公务员进行科学管理的法律，它标志着国家公务员制度的法治化。《公务员法》第一章总则第1条规定：“为了规范公务员的管理，保障公务员的合法权益，加强对公务员的监督，促进公务员正确履职尽责，建设信念坚定、为民服务、勤政务实、敢于担当、清正廉洁的高素质专业化公务员队伍，根据宪法，制定本法。”

（四）特别法依据

《行政许可法》第10条规定：“县级以上人民政府应当建立健全对行政机关实施行政许可的监督制度，加强对行政机关实施行政许可的监督检查。”第72条规定：“行政机关及其工作人员违反本法的规定，有下列情形之一的，由其上级行政机关或者监察机关责令改正；情节严重的，对直接负责的主管人员和其他直接责任人员依法给予行政处分。”可见，《行政许可法》进一步明确了监察机关对行政许可行为的监督职责，由此确立了监察机关在对行政许可行为的监督检查中的监督内容与监督方式。监督内容包括行政许可行为中的廉政监察和行政效能监察，即明确授权县级以上人民政府的监察机关负责对行政机关的行政许可行为的廉洁性与效能性的情况实施监督检查。监督方式包括事前监察、事中监察和事后监察。

综上所述，行政效能监察工作的法律依据是客观的，任何关于行政效能监察没有法律依据的论断均是不实事求是的、是形而上学的。诚然，行政效能监察的法律依据不够清晰、直观也是事实，但从科学发展观的视角，这也为今后筑实行政效能监察体系提供了更广阔的法治化空间。

第五章　审计监督与效能监察协同的特点与问题

第一节　审计监督与效能监察的关系与特点

审计监督与效能监察的关系与特点：

第一，实现了效能监察与效益审计的信息资料共享。根据项目效能监察和审计监督工作的需要，纪检监察人员、审计人员列明所需调阅的资料清单，并由审计人员汇总，交由指定经办人，收集、提交相关信息资料。待获得项目相关信息资料后，审计和纪检监察人员分工合作，审阅相关资料，并多次组织内部讨论，形成一致意见。

第二，纪检监察人员与内部审计人员充分发挥了各自的专业特长。在监察、审计过程中，纪检监察和审计人员分工协作，发挥各自专业特长，共同完成项目的审计、监察工作。审计人员及时与纪检监察人员沟通，可以及时有效形成专业特长互补。

第三，效能监察与效益审计同时取证提高了工作效率。在项目效能监察和效益审计中，纪检监察和审计人员对共同取证部分进行协调，同时对当事人进行访谈，节约了访谈时间，提高了工作效率。

第四，双效监督整合节约了时间成本和人力资源。将审计监督人员和效能监察人员有效组合，人员数量减少，节约了人力资源；工作时间也缩短，提高了监督工作的时效性。

第五，审计监督与效能监察协同拓宽了监督关注领域。一方面，效能监察增加了关注领域，除了对合规性、程序规范性等加以关注之外，更加关注效益、效率性等效能指标，进一步提高了监察深度，使监察结论更具说服力。另一方面，审计监督关注领域也有突破。因为对同一项目同时开展审计监督与效能监察，审计和监察人员同时参与，审计、监察关注领域交叉进行，所以，审计人员也参与到廉政责任制、“三重一大”等落实情况等工作中。

审计监督与效能监察协同与其他形式的组织相比，能够保证实现组织效率的最大化。

（1）审计监督与效能监察协同，能够最大限度地发挥执政党的社会动员能力和利益综合能力，并涵盖所有的监督对象，确保制度体系的普遍性价值。

（2）其组织分工和工作程序具有稳定性和可靠性。以稳定的规章制度和稳固的科层制结构为基础，具有稳定性。由于排除党政两个系统的冲突和不协调问题，因而在实现规定的行政目标方面，具有可靠性。

（3）除通过法律规范来实现政令畅通外，更重要的是科学地运用党的政策来加强执行力。

第二节　体制缺陷

我国的行政效能监察制度起步较晚，对行政效能监察的本质认识还比较模糊，特别是在当前我国加快推进服务型政府建设的背景下，由于我国政府职能转变不到位，导致行政效能监察工作在领导体制、监察方式、制度建设、队伍建设等方面仍然存在许多缺陷，与我国建设职能科学、结构优化、廉洁高效、人民满意的服务型政府的目标不相协调，因此亟待解决。

一、职能定位不准确

目前我国正处于行政体制转轨时期，行政审计监督与效能监察协同时职能的定位还不准确，行政权力对审计监督、效能监察工作的直接干预较大，效能监察工作覆盖面越来越宽，工作任务越来越重，不少工作逾越了监察机关职责的边界，主业被湮没在众多的具体行政执法工作中。一方面，大包大揽，越位、错位，做了很多本不该由监察机关承担的事；另一方面，缺位、失位，该履行的职能没有完全履行到位。

（一）越位问题

一直以来，基层党委政府认为将工作交给监察机关牵头或者有监察机关参与就能保证公平公正、安全高效，有利于工作开展，导致监察机关承担了除行政效能监察工作外的大量繁重任务。如县级监察机关除了本职工作外，还要承担党务政务公开、行政审批服务管理、招投标监管、征地拆迁督查等任务，往往是“协调变牵头、牵头变主抓、主抓变负责”。

（二）错位问题

在日常实际工作中，监察机关往往配合甚至替代业务主管部门开展业务监督检查工作，既当运动员又当裁判员，把监督主体错位为执行主体。特别是在一些“老大难”工作上，监察机关往往冲锋在前，直接充当监管主体和执法主体。如：一些地方在征地拆迁、项目建设、安全生产、信访维稳等工作中，安排监察机关全程参与，认为只有监察机关参与了，才具有合法性和权威性，才能高效推进各项工作的落实。

（三）缺位问题

由于行政监察领导体制不完善，监察机关要听命上级机关和同级党委政府工作安排及部署，对同级、上级监督较少。对工作效能、廉洁自律方面监督得多，对品德修养等其他方面监督得少；对工作八小时以内监督得多，对八小时以外的监督几乎空白。监察机关往往重制度轻执行、重检查轻结果、重考核轻问责等，执纪失之于软、失之于宽。

二、领导体制不完善

（一）行政效能监察机构整合性缺失

能够发现参与行政效能监察活动的机构虽然很多，例如：政府媒体及社会公众等；虽然参与行政效能监察活动的机构很多，例如：政府媒体及社会公众等，但是行政效能机关的监察是起着主要作用的。这样的行政监察方式侧重点有所不同，注重对单位部门和总控制室范围的监察管理，而忽视了外在力量对各部门和单位的监察，这使得很多地方的行政监察机关还处在自我监察阶段，很难达到一个理想的效果。这种监察模式主要是把侧重点放在政府上级领导的不定时监察上，把政府和评估片面地放在首要位置，从而忽视了群众需求和利益。行政效能监察缺乏社会公众与专家的参与是行政效能监察主体的单一性所造成的，媒体监督发挥作用很少也是相对落后的绩效监测重点所决定的，尚不能够完全发挥外部监察的作用。监察主体的单一性也造成了行政效能监察缺乏持续性，在实际工作中政府必须在行政管理方面出现问题才能够开展行政效能监察工作，并采用阶段性严厉打击的方式来处理腐败问题。而以运动方式为主的效能监察方式不能够很好地被放在政府发展的工作当中，其是作为一种消极防御存在的，这种模式很容易产生资源浪费、问题反复出现、解决结果无法长久等众多后顾之忧，并且突击性的效能监察所暴露出来的问题越来越多。因此将突击性的效能监察作为一种新形势亮点推广的话，不仅违背了起初设置的可持续原则，而且解决速度越彻底往往暴露的问题也就越多。

（二）行政监察机关缺乏权威性

在开展行政效能监察的工作中，行政监察机关必须具备比监督对象更高的权威性，才能保证行政监察机关依法高效地履行监督检查职能。《行政监察法》规定，行政监察机关可以列席本级政府与监察事项有关的会议，但是并没有赋予行政监察机关表决权，这就使行政监察机关很难对同级政府进行有效的制约和监督，因此就必须保证行政监察机关具有充分的权力、具有权威性。

（三）双重领导机制导致主权不明，缺乏独立性

由于我国的相关法律和制度还不够健全，行政效能监察的作用还没得到充分发挥。行政效能监察中心是事业财政全供单位，事业单位是由国家机关举办或其他国有资产举办的从事教育和科研等的社会服务组织，它具有公益性和服务性的特征。而行政监察机关是一项重要职能，纯属行政监督机构，这两者是完全不同的。行政效能监察机关是在政府领导下工作的，隶属于政府的监督机构，对监督对象实行法律制裁也是在政府领导下进行的。从隶属关系上来讲，行政效能监察部门归纪检委领导，但纪检委又是党内监督组织，所以行政效能监察部门就成了党政不清的政府机关。所以在实践中，行

政监察机关完全受制于同级政府。由于各级监察机关的人事、工资、福利、办公经费完全由同级政府财政直接划拨，其年度工作经费列入当地财政预算，在这种情况下，行政监察机关在对同级政府部门实施监督的过程中就会有所顾忌、畏首畏尾，导致无法真正对同级政府的行政行为实施有效的监督。双重领导和合署办公机制，大大减少了行政监察中心起初设置的独立性原则，再加上监督对象和监督职责的模糊严重削弱了监督的权威性，弱化了行政效能监察部门应该发挥的作用。所以，真正对监察机关权力运行起决定作用的，不是上级监察机关，而是本级人民政府。

行政效能监察领导体制不合理，存在双重领导的情况。所以行政效能监察机关既要接受纪检委的领导，又要接受政府的领导。在这种双重领导体制下，监察机关的行政效能监察职能是否能够有效发挥，在很大程度上要取决于纪检委和政府的支持，而不是取决于监察法律法规的保证以及监察中心自身的权威性。在实际监察中，如果上级领导机关没有真正实权的话，就不能对下级的监察中心实现真正的领导，但是政府机关却可以通过某种方式干涉监察机关的工作，这样就导致行政监察工作在某种程度上成为一种形式，不能够实现对同级政府的有效约束。在监察工作中，当局部与整体出现利益交义现象时，往往伴随着地方和中央政府的利益交叉，地方政府领导层就会产生所谓的地方保护主义情结，受利益的影响，监察机关工作进展困难，这样检察权就慢慢落空。在这种领导体制下，监察机关在行使监察权时很容易受到人事和财务部门的牵制，有时会不得不屈服于其他外部的压力，这在涉及违法乱纪的情况下，致使监察部门有很多顾虑且无法展开工作。

（四）效能监察对象城乡失衡

目前我国各级政府虽然采取了一系列的效能监察手段和方法，但工作重点都放在县级及以上政府单位，对于广大的农村基层政府，行政效能监察的力度还不够。按照我国国情，现在还是农村人口数大于城市人口数。农村因为特殊的地理环境，使得行政监察工作比在城市更难开展。农村由于地广人稀，人口没有城市集中，加上农民大多文化水平不高，对国家政策不关心。而作为农村的干部，因为缺少监督，在工作中常利用管理漏洞作出违法之事。现在国家对农村工作和农民生活都高度重视，每年给农民的灾补和农业补助以及贫困农民的生活补助都是不小的数目，由于缺少监督，一些无良的

“村官”常常利用手中职权中饱私囊，引起农民的极大不满。在新的历史条件下，农村问题随着时代的变迁也出现新问题，伴随着新问题的出现，一些恶性事件也产生了，为了社会稳定，先要稳定农村。所以在村镇级加大行政效能监察非常重要。

第三节　法律法规欠缺、制度不健全

一、法律法规欠缺

不管是从历史经验中看还是从现实当中绩效管理发达国家的实践中看，无论哪种监督形式，法律始终是最强有力的手段，这既是现代法治社会的要求也是现代法治社会发展的结果。首先，对地方的监督方面，如果法律明确规定了中央与地方的职责权限，上级对下级地方的监督与调控只能通过法律允许的方式进行，而不能超出法律规定的范围，不能用行政命令的手段取代法律，这样就保证了社会的稳定性，同时使中央政府对地方政府的监督具有较高的权威性，有利于监督目的的实现。其次，在行政官员的上下级监督中，法律对行政人员职责权限有着明确的规定，法律对行政人员的奖惩考核都有着明确的内容和程序规定。应该在法律中明确规定上级官员对下级官员在行政效能监督方面的职能，以及相应的监督缺位时应该承担的责任和惩处措施，在最大程度上以法律这一权威方式确立了层级监督的权威性和制度性。而现实中我国的行政效能监督都处于自发状态，缺乏相应的法律和制度做保障，缺乏激励机制和长效机制，实践中存在随意性和盲目性。在种种因素的共同作用下，我国的监督立法进展缓慢，致使监督法律制度供给不足。重要的监督法律空缺，完整的监督法律体系尚未形成，缺乏一些必不可少的监督法律法规，虽然制定专门的监督法的问题早在十几年前就已经提出来了，但至今尚未出台，而其他的相关法律又很少。目前已出台的相关法律只有《行政监察法》和《审计法》，这相对于强化行政效能监督对法律的要求来讲是远远不够的。由于法律没有统一规划，一些专门监督并不能在政府系统中全面推进；没有建立起战略规划、绩效计划和绩效报告等制度框架，效能监督的随意性很大；缺乏统一的领导机构和绩效标准，部门各自为政，无法进行部门或地区间的比较。

行政效能监察作为一种法制监督，是依法对行政机关依法行政情况进行监督监察，缺乏明确、详细具有可操作性的法律规范，将致使行政效能监察的效力大打折扣。

（一）行政效能监察法律法规缺乏统一标准

当前，《行政监察法》是指导我国开展行政效能监察工作的主要依据，各级地方政府根据本地区实际情况制定了相应的制度，但在处理形式和严厉程度上各不相同。例如河北省制定了《河北省影响机关效能行为责任追究办法（试行）》，责任追究的方式包括：口头告诫、书面告诫、离岗培训、调离岗位、免职、辞退；《湖北省行政效能监察试行办法》中规定，对违反规定的人员给予降级、撤职或者开除处分；涉嫌犯罪的，依法移送司法机关处理。通过比较可以看出，湖北省在行政效能监察的处理形式上比河北省要更加严厉，但同样是违反行政效能的有关规定，在不同的地区却有着不同的处理方式，这是因为各地方政府在开展行政效能监察工作时缺乏统一的指导。

（二）行政效能监察法律法规制度不完善

行政效能监察制度的法制建设在许多方面存在不足，在某些领域和环节缺少法律依据作为支撑。现有的行政效能监察法规的存在供应过剩与供应不足并存的现象。一方面，对于一些行政行为做了很多规定，却监督不到位，相对于特定的政策环境，一些过时无效的政策并没有被废除，新的环境、新的问题出现了，还在用过时的政策。另一方面，行政效能监察法律法规的数量不能满足需求，行政诉讼法、公务员道德规范、违反行政纪律的国家公务员纪律处分的惩戒制度至今仍存在巨大的完善空间，加上行政效能法律法规的质量也未能满足正常的需要。

例如，行政效能监察对象包括行政机关人员和事业单位人员，针对机关行政人员的违规违纪行为，进行处分的依据是《行政机关公务员处分条例》，针对事业单位人员进行处分的依据是《事业单位工作人员处分暂行规定》，目前在中央层面上还没有一部专门的行政效能监察处分条例对政府公务人员违反行政效能监察有关规定的行政行为作出明确界定。

二、制度不健全

习近平总书记强调，要加强对权力运行的制约和监督，要把权力关进制度的笼子里。通过制度建设，建立公正规范、廉洁高效的督查投诉制度、绩效考评制度及责任追究制度，对行政机关及其公务人员在公共事务管理中的服务质量、办事效率作出明确规定。在实践中，我国许多地区和部门都开展了行政效能监察各项制度的建设。

（一）督查投诉制度

投诉是指权益被侵害者本人对涉案组织侵犯其合法权益的违法犯罪事实，有权向有关国家机关反映并主张权利。督查投诉制度是针对公民或者单位举报的线索，依照相关法律法规进行调查处理，保障公民依法行使监督权利的一种制度。近年来，我国不断加强服务型政府建设，更加注重提升服务水平，保障公民权益，出台了相关的督查投诉制度。

《亳州市机关效能投诉中心工作规则》中明确了效能投诉处理规范，健全投诉受理工作机制，实行“四个一”督查通报制度，做到会风会纪督查情况一会一通报，效能建设制度落实情况一月一通报，市委、市政府中心工作完成情况一事一通报，违反机关效能建设规定的典型案件一案一通报；《邯郸市行政服务中心投诉督查管理制度》中列举了多种投诉方法，包括当面、电话、电报、信函、网上和委托他人等方式，针对服务对象到服务窗口办理事项时，对服务窗口及工作人员有刁难勒索、效率低下等违规违纪行为或对服务窗口处理结果和方式有异议等情况，制定了相应督查处理方法并明确了办结时限。

（二）绩效考评制度

绩效考评制度是运用科学合理的评价方法、指标体系和评价标准，全面客观衡量行政机关履行职能，行使公共权力规范性、效率性和有效性的考核机制。我国的一些地方和部门都制定了相应的绩效考评制度，对考评内容和考评方式作出明确的界定。

2007 年，温州市瓯海区印发了《瓯海区干部绩效考核实施办法（试行）》的通知，通知按队伍建设、业务工作、专项工作、中心工作四大项细化工作任务，围绕工作任务，考评干部德、能、勤、绩、廉五个方面，重点考评履行岗位职责情况和工作实绩；2009 年，湖南省出台了《湖南省政府网站绩效评估办法》的通知，采取网上公众评议、日常监测、专家考评三种方式，对内容保障和网站建设两个方面开展绩效评估工作；2010 年，安徽省亳州市制定了《亳州市市直单位绩效考评办法》，按照“过程也是产品，流程就是效能”的要求更加注重过程管控，更加突出对各部门重点业务科室、与人民群众生产生活密切相关的窗口单位的考核评价。

（三）责任追究制度

我国《关于实行党风廉政建设责任制的规定》中指出，要对失职渎职人员进行责任追究。追究责任，首先要明确责任。建立责任追究制度，就是要明确效能监察工作的程序和标准，对损害人民群众利益的突出问题，对效能低效或负效能的问题的责任承担形式进行明确规定，对于行政责任、经济责任和法律责任的适应情况合理界定。

我国相关法律针对行政效能监察中的执行工作责任虽然做了明确的规定，但是在实际操作中，结果往往不尽如人意。行政效能监察工作的具体制定一般是实行地方制度的原则，责任追究不明确，缺乏一致性和通用性，常常由于地方主体的压力造成行政监察工作不能很好地执行下去。目前，国内在责任追究方面存在两个比较大的问题：

第一，单一的责任追究制度，实际办公片面注重行政责任，忽视法律责任和政治责任的存在，完善的行政监察追究机制还未成熟。比如一些党政机关出于淡化相关问题影响的考虑下，直接或间接干预行政监察机关的办案，从而导致行政监察机关忽视了法律责任的追究而是对行政责任过于关注。此外，有些地级政府对于效能责任的划分不是太具体，存在界限模糊的现象，对于某种情况下去追求当事人经济和法律责任不够具体，掺杂了人为可控性因素，制度不够明确和具体。

第二，没有形成完善的责任追究制度，为了进一步发挥行政效能监察的职能作用，地方政府对其都做了进一步的赏罚规定，但是，存在的问题也不少，主要体现在：对于发生效能问题后，责任归属于一般执行者还是相关领导人不明确，主要涉及的岗位责任没有一个细化的标准来参照。而且行政效能监察责任追究的对象也存在很大人为支配的因素，分不清哪些是涉及责任人和非责任人，或是相关人员，但哪些是相关人员，哪些不是相关人员，这并没有明确的规定。

第四节　方法、技术、评价标准等不统一

一、方法和技术不统一

由于评价对象不同，审计机关难以为绩效审计提供一套统一的方法和技术，审计人员必须灵活地选择与被审计事项相适应的技术和方法进行绩效审计。例如高速公路系统可以用实地检查的办法，确定高速公路的状态和维护系统是否有效，而保健、福利、教育、公共安全等部门工作的有效性，则很少能运用精确的衡量手段加以评估，审计人员必须更多地采用政治的、经济的、社会的观点和方法来进行评价。绩效审计方法和技术的不统一有其客观原因，但通过大量的绩效审计实践，仍可总结概括出若干科学实用的方法和技术来，以改善其后的绩效审计。发达国家在这方面已进行了不少有益的探索。如澳大利亚就十分注意选择典型审计案例与实务进行认真总结，对有价值的审计方法与经验加以总结并归档，作为日后绩效审计的指导。虽然这些措施起初成效不太理想，但日积月累以后，效果最终还是显露了出来。我国当前由于绩效审计刚刚起步，这方面的工作还相当薄弱，对绩效审计典型案例的总结与研究基本上属于空白，因而离形成一套较为成熟有效的方法和技术还有很大的距离。这就使绩效审计的风险大大增加。

二、监督检查方式过于单一

在对具体行政行为实施监察的过程当中，按照监察介入的时机，可以分为预前监察、过程监察和事后监察三种方式。但在实践中，我国的行政效能监察过程缺乏连续性，监督方式的选择上总是过于单一，对行政行为产生的最终结果只从量化指标和法律法规的层面进行考量，忽视了对行政行为本身合理性的思考。

三、监督过程不合理

如某行政审批部门规定，该部门所负责的行政审批事项必须在 30 个工作日内办结，但 30 个工作日的办结时限是否合理？能否通过精简审批程序、

简化审批环节等方式在规定的工作时限内提前完成？这种忽视行政行为合理性的做法导致了执行该项审批职能的公务人员产生心理上的“最低标准化”，即工作目标满足于规定中的最低标准即可，不利于对行政效率和行政质量的更高追求。

四、考核标准不规范、不独立

（一）考核标准不规范

定性考核和定量考核是行政效能监察进行评价或考评的重要标准。定性考核主要评价行政机关及其工作人员在行政管理活动中的决策是否科学、民主，管理过程是否依法依规，是否高效便民；定量考核主要是对行政机关及其工作人员在行政管理中的各个环节进行量化分析，这种方式更加直观、具体，易于比较，便于发现问题并进行整改。目前，大部分地区多采取定性考核，较少采用定量考核，但是单一的定性考核不能准确体现出行政效能的高低。例如，一个行政部门每年的三公消费金额究竟达到何种标准才能符合效能原则；政府实行公共采购比市场价低多少才真正能体现节约等；再者形式上差不多的行政组织，其实质是非常不同的。监督和帮助相关的部分对效能考核标准进行完善，并且构建起良好的效能考核体系是监督和检察机关的重要责任。可是在实际的工作当中，影响效能监督和检查考评标准的因素是非常多的。首先，地方政府设立了监察机关，在进行行政监督和检查考评的时候，就会受到诸多因素的影响。统一系统中上一级领导的需求会对效能监督和检查中考评指标民众的满意度考虑不到位。其次，行政效能有诸多特点，例如多样性、具体性以及层次性，它是一个比较烦琐的客观体系。所以，考评时只看重成败，将结果作为全部证据，而往往不考虑成本和效率等基础因素，那么就会使考评结果不具有合理的科学性。

（二）考核标准独立性不够

在进行行政效能监督和检查时，对行政组织的职能确定好相应的战略提升。在实际的工作中，外在压力却对评价体系起决定作用，这些外在压力实质上取决于在行政效能监督和检查时的奖惩制度。所以，需要正确认识和完善奖惩制度的实施。现阶段，传统思维观念一直冲击，一直让效能监察中的奖惩制度不完善，这也是行政检查和监督工作受阻的原因之一。不仅如此，平均分配奖金、平衡奖励的情况时有出现，这样的结果导致不能用奖励的方式区分好坏，不能达到预期的效果。表现是否良好，奖惩方式全部采用物质的方式，将钱作为奖惩最主要的工具。所以，方法、技术、评价标准方面的严重缺失是效能低下等一系列问题的主要根源，进而导致奖惩制度的不合理，会破坏行政效能监督和检查的有效性。

第五节　新技术应对与人员储备不足

一、大数据技术审计

大数据审计在给政府审计带来变化的同时，也传递着全方位的挑战，这种挑战既有来自审计环境的，也有来自审计自身的。审计机关适应变化的过程，也是应对挑战的过程，唯有认清客观事实，积极应对考验，才能将挑战转换为向上提升的动力。具体来说，大数据审计给政府审计带来的问题主要体现在以下几个方面。

（一）工具使用的问题

在大数据审计中，数据采集和分析工具的应用非常重要，特别是对工具的通用性和兼容性要求尤其高。由于被审计对象的信息系统千差万别，如果审计机关与被审计对象之间无法建立一致性，可能会面临无法开展工作的窘境。现阶段，许多被审计对象的信息化程度较高，具备较强的信息系统功能和庞大的数据库。如何利用系统中庞大的数据资源为经济责任审计、自然资源资产离任审计、政策跟踪审计等业务的开展提供助力，是审计人员需要解决的难题。在这个过程中，需要利用各类有针对性的审计工具分别对地理信息、图片、结构化数据等海量信息进行采集、处理、分析，提高审计效率。因此，加快审计机关的信息化建设，加强审计人员对数据采集和分析工具的应用，是大数据审计面临的重要挑战。相信随着金审三期的推进，无论是相关基础设施的建设，还是相关审计工具的应用，都将得到进一步的提升，为审计机关开展大数据审计提供助力。

（二）数据安全问题

在大数据审计中，通过适当的工具和技术，能够快速获取审计所需的信息，提高审查工作的便利性。但是，随着审计机关接触的核心部门数据越来越多，审计数据的归集力度越来越大，信息安全的风险也日趋严峻。审计机关要充分考虑数据采集过程中的网络安全、系统安全和数据库安全等，避免数据泄露，保障数据的安全性。同时，加强对本地数据访问权限的管理，做好数据的物理隔离和逻辑隔离，按照审计业务需求分配账号和角色，实现用户和责任的匹配。此外，审计机关要制定数据的保留期限、保密等级、保密要求、开放权限等政策制度，严格按照《审计工作国家秘密范围的规定》加强信息管理。

（三）审计模型建设不易

为真正发挥大数据审计平台的作用，审计机关不断探索新的应用模式，其中就包括审计模型的建设。审计模型的目标是通过对大量数据进行分析，找出审计问题发生的共性或特征，建立起对违规行为的预判，形成事前或事中的风险预警系统。具体来说，开发模型的第一步是对以往的审计发现进行问题画像，找出具有普遍性、针对性的关键风险领域；第二步是对风险领域中的常见指标进行筛查，明确正常的阈值范围，这些指标既可以是财务、业务或运营数据，还可以是决策数据；第三步是形成预警指标，当超出合理的阈值范围时，大数据审计平台及时将异常通知审计人员。通过审计模型建设，审计机关能够充分发挥免疫作用，进一步优化政府决策体系，促进国家治理能力的提升。

由于我国行政效能监督起步晚，没有很多的监督技术累积，而行政效能监督又是一种以信息为基础的活动，专业价值在其中占据着核心地位。分析能力、创造力、学习能力、社交能力、个人品德、判断能力、承受能力以及良好的表达能力对于一个合格的专门从事行政效能监督的人员都是非常必要的。要成为一名行政效能监督人员必须满足一些特别的要求，如对于行政效能监督方法和技术的了解，对政府组织、职能和行政管理过程的了解；清楚有效地进行口头交流的技能；具体进行项目监督时所需的专门知识，如统计学、计算机技术、会计和财务管理知识。行政效能监督要求其从业人员的素质比较高，但目前我国的行政效能监督人员主要是从以往的廉政监察和财务审计工作中转行过来，没有相应的专业素养，符合效能监督人才要求的复合型人才并不多，普遍的人员老化，知识结构单一。这样的人才构成对于我国行政效能监督发展是极为不利的。

二、人员储备不足

（一）总体数量不足

随着国务院已取消下放行政审批事项越来越多，导致基层政府的行政审批权限和行政审批事项不断增加，行政效能监察的工作任务也随之加重，而受人员编制的制约，监察机关内部从事行政效能监察的专职干部并不多，特别是在一些基层监察机关，由于干部年龄老化，造成人才队伍断档，甚至有些监察机关内部的效能监察室只有1名纪检监察干部，并且还要承担全县的行政效能监察任务，致使身兼数职，负担过重，严重制约了行政效能监察工作的有效开展。

（二）缺乏专业知识

在实践中，由于行政效能监察工作涉及面广，制约因素较多，这就要求从事监督检查工作的监察人员必须具备相关的专业知识，如果行政效能监察人员对监督检查的内容不够熟悉，就难以有效地开展监督检查工作。行政效能监察的一项重要职责就是对行政机关及其工作人员在财政专项资金管理、使用过程中的监督检查，对挪用、截留专项资金，设立“小金库”“账外账”的行为进行严肃查处。在工作实践中，由于具体从事行政效能监察工作的办事人员缺乏相关的专业知识，在查处涉及财务账目、银行资金往来的过程中就不得不依赖被监督对象给予配合，或者聘请会计事务所的专业人员进行协助，造成行政效能监察人员往往看不到，也看不懂第一手证据资料，少数被监督对象借此故意隐瞒收入或伪造资金凭证，给国家财政造成大量损失。

（三）工作机制不灵活

目前行政效能监察干部队伍整体年龄偏大，老化现象日益突出，缺乏活力，造成具备金融、财会、法律、计算机等专业知识的高素质人才极度匮乏，同时缺少业务培训，忽略轮岗锻炼，影响整体工作效能的提高。由于监察机关实行“凡进必考”的准入制度，每年招录进入监察机关的公务员数量有限，真正分配到行政效能监察岗位上的专业人才更是奇缺，部分基层监察机关所处地区工资水平较低，往往达不到他们的期望值，招录进入的年轻公务员在工作一段时间后也会选择调入上级机关或其他部门，造成人才流失。由于我国的行政效能监察工作起步较晚，因此，许多行政机关对效能监察的了解还不够深入，对关于行政效能监察方面内在规律的研究比较薄弱，对效能监察的认识不同导致对其重视程度的不同，使行政效能监察工作很难在全国范围内形成一个整体部署；研究的薄弱和思想观念上存在差异，导致行政效能监察在实践中暴露出诸多缺点和不足，从而弱化了行政效能监察工作的监督检查职能。综上所述，由于种种历史与现实原因，当前我国的行政效能监察制度和实践仍需不断改进和完善。因此，必须通过有效措施，回应上述调整，才能充分发挥行政效能监察的监督检查作用。

第六章 审计监督与效能监察协同案例分析

第一节 行政机构审计监督与效能监察案例分析

一、北京市

北京是14个试点单位中唯一的直辖市。北京市以原来的目标管理、督查考核工作为基础，在行政机关探索建立以“三效一创”为核心内容的政府绩效管理体系，提升政府绩效管理科学化、规范化和精细化水平。

北京市政府绩效管理创建了“三效一创”绩效评估指标体系，市级机关评估体系以“履职效率、管理效能、服务效果、创新创优”4个组成部分为主要内容，下设8大指标、13项考评内容，不同的指标赋值不同；区县政府评估体系以“战略绩效、行政效能、服务效果、创新发展”为主要框架，涵盖10个评价维度、24个评价层面、37个评价要点。“履职效率”是指基本职责任务的完成情况，设置“职责任务”指标以评估各部门常规的“三定”职责的履行情况和重点工作任务完成情况，分值为40分；“管理效能”指依法行政和能力建设的情况，设置“依法行政”（8分）和“能力建设”（7分）2大指标来评估政府部门依法行政、行政审批、行政效能监察以及公务员队伍建设的质量；“服务效果”包括工作效果和服务对象满意程度2个方面，设置“服务中央（5分）、公众评价（20分）、领导评价（10分）、协调配合（5分）”4个指标；“创新评价”（5分）鼓励各部门的创新意识，主要涵盖重大工作创新成果、重要表彰奖励的情况。在“三效一创”之外另外设置了“行政问责”扣分项目，发生违法违纪案件、重大责任事故、造成重大社会负面影响三种情形之一，并被行政问责的，予以减分，一项扣5分，累计不超过10分。“三效一创”考评得分之和减去行政问责扣分为最终考评得分，绩效评估结果按部门得分进行排序。

表6.1　2012年度北京市政府绩效管理指标评估体系

项目	一级指标	二级指标	权重（分）	指标含义
市级机关（三效一创）	履职效率	职责任务	40	各部门常规的“三定”职责的履行情况和重点工作任务完成情况
	管理效能	依法行政	8	依法行政，行政审批
		能力建设	7	行政效能监察、公务员队伍建设质量
	服务效果	服务中央	5	工作效果和服务对象满意度
		公众评价	20	
		领导评价	10	
		协调配合	5	
	创新创优	创新评价	5	重大工作创新成果、重要表彰奖励的情况
扣分项目	行政问责		-5	发生违法违纪案件、发生重大责任事故、造成重大社会负面影响，累计不超过10分

在政府绩效管理制度和组织上，北京市建立由常务副市长任组长、34个部门参加的市政府绩效管理工作领导小组，设立市政府绩效办和绩效管理监察室，构建“领导小组统筹协调、成员单位分工协作、责任单位狠抓落实”的组织与制度框架。“三效一创”绩效管理体系的组织架构包括三个部门：

（1）最高决策机构——政府绩效管理联席会议。市政府秘书长任召集人，联席会议由市政府办公厅、市监察局、市人力社保局、市法制办、市编委办等部门组成。

（2）日常协调执行机构——政府绩效管理办公室。绩效办与原有的政府督查室为一个机构、两块牌子，负责绩效管理的日常组织协调和监督指导职能，组织汇总、评审绩效计划，加强日常监督检查，协调各专项考评部门做好绩效考评工作，并承担“公众评价”“协调配合”“创新创优”等专项考评工作。

（3）绩效考评执行部门——各专业部门。按照市政府绩效管理联席会议的要求，负责制定专项考评实施细则并开展考评工作；市政府办公厅、市编委办负责“职责任务”考评，市法制办、市监察局负责“依法行政”指标的考评，市监察局和市人力社保局负责“能力建设”指标的考评，市政府办公厅负责“服务中央在京单位”指标的考评，市政府绩效办负责“公众评价”“协调配合”“创新创优”指标的考评，“领导评价”考评由市领导进行。

北京市“三效一创”绩效管理体系的整体运行流程是“绩效计划制定—日常监控管理—年终考评—绩效结果应用”，形成闭合高效的管理运行体系。统筹编制《市政府绩效管理任务书》，分别设置目标值、挑战值；依托信息管理系统，实施过程监控；统筹开展集中检查，并跟踪监察；年终组织开展多元评价和绩效诊断反馈，督促制定整改措施，并将整改内容列为下一年度的绩效任务，形成了“任务制定—过程管理—多元评价—综合反馈—督促整改—绩效提升”的政府绩效管理工作流程。

二、深圳市

深圳市把政府绩效管理作为效能监察和效能建设新的平台与抓手，由市监察局牵头，2007—2009 年连续三年进行局部试点，2010 年在全市政府系统全面施行。2011 年，深圳市和杭州市被国家监察部列为全国政府绩效管理试点单位，成为全国仅有的两个城市试点单位。深圳市以此为契机全面推行绩效管理，对市政府工作部门、各区政府（新区管委会）落实市委、市政府重大部署和履行职责等情况进行过程监控、专项评估和综合评估。

深圳市建立了政府绩效管理组织和制度框架。市政府绩效评估与管理委员会由市长任主任，分管副市长、市政府秘书长任副主任，成员包括市政府分管副秘书长和市发展改革、监察、财政、人事、审计、统计、法制部门主要负责人，市政府绩效评估与管理委员会办公室为日常办事机构。

深圳市政府绩效管理工作秉持“标杆管理、过程控制、结果导向、持续改进、公众满意”的基本理念，体现了“科学合理、公开透明、动态开发、简便易行”的基本要求。政府绩效评估对象包括市政府 32 个委、局、办，6 个区政府和 2 个新区管委会。根据是否具有行政审批和行政执法职能，是否直接提供公共服务，市政府工作部门划分为 A、B 两类：A 类是对外提供公共管理和服务的部门，B 类主要是政府内部进行协调管理的部门。根据法律地位和功能定位的不同，将各区分为行政区和功能区两类。

深圳市直单位绩效评估指标包括行政业绩、行政效率、行政执行力、行政成本 4 个一级指标，下含 22 个二、三级指标（见表 6.2）。区政府和新区管委会绩效评估指标包括公共服务、社会管理、经济调节、市场监管等一级指标，下含 33 个二、三级指标。一级指标保持相对稳定，二、三级指标根据市政府年度工作重点和上年度绩效评估与管理结果可进行适当调整，根据不同的对象，实行有差别的指标设置、权重分配、评分方法和结果运用。同时采取内部评估和外部评估相结合的方法，其中，内部评估占 70%（包括电子系统评估和市政府领导评价意见，分别占 65% 和 5%），外部评估占 30%（包括社会公众满意度调查和电子民意调查系统测评，分别占 25% 和 5%）。评估结果分为优、良、中、差 4 个等级。

在试点过程中，各试点单位结合实际，积极在所属地区和部门开展专项工作绩效管理，创造了很多好的做法和经验。总的来看，各试点单位绩效管理工作日趋规范，成效逐渐显现，有力地推动了各项工作任务的落实，提高了行政管理科学化、精细化、规范化水平，为总结推广试点经验，探索实现绩效管理常态化、制度化积累了条件。在这些试点工作的推动下，政府绩效管理在我国各地加速扩散，2012 年年底时，政府绩效管理已进一步扩展到 27 个省（自治区、直辖市）的范围。

表 6.2　2012 年度深圳市政府绩效评估指标

<table>
<tr><th>单位</th><th>一级指标</th><th>权重百分比</th><th>权重百分比</th><th>考核等级</th></tr>
<tr><td rowspan="4">市直单位</td><td>行政业绩</td><td>45%</td><td rowspan="8">内部评估 70%
——电子系统评估 65%
——市领导评估 5%
外部评估 30%
——社会公众满意度调查 25%
——电子民调系统测评 5%</td><td rowspan="8">优
良
中
差</td></tr>
<tr><td>行政效率</td><td>20%</td></tr>
<tr><td>行政执行力</td><td>25 %</td></tr>
<tr><td>行政成本</td><td>10%</td></tr>
<tr><td rowspan="4">区政府</td><td>经济调节</td><td>10%</td></tr>
<tr><td>市场监管</td><td>20%</td></tr>
<tr><td>社会管理</td><td>25 %</td></tr>
<tr><td>公共服务</td><td>45%</td></tr>
</table>

可以期待，政府绩效管理将成为中央全面深化改革的一项重要目标任务，成为国家治理体系尤其是治理能力现代化的一个重要组成部分。

三、杭州市

“数字考评”是运用现代信息技术支撑综合考评和绩效管理工作的主要平台，它在提高综合考评和绩效管理的组织、运行效率以及提升评价结果的信度和效度方面发挥着重要的作用，是打破科层体制和部门边界藩篱，建构扁平、高效、科学的绩效管理机制的利器，也是综合考评和绩效管理由粗放式管理转向精细化管理的必要保障。

（一）“杭州数字考评”系统的主要功能和特点

杭州市考评办成立不久，就着手开发建设“数字考评”系统。按照“统一规划、分步实施、急用先建、务求实效”的建设原则，依托杭州市统一的电子政务网络平台，以实现“资源共享、实时跟踪、定量考核、全程管理”为目标，以信息资源整合为核心，以提高工作效率、提升管理水平为主线，打造了集综合考评和绩效管理业务、日常办公、门户网站于一体的“数字考评”系统。

1. 基本功能

（1）数据采集

数据采集综合考评和绩效管理需要大量信息数据的支撑，包括市委、市政府的重大决策，各地、各部门的主要工作目标及进展情况，社会评价意见及整改情况，日常收集的绩效信息等。数据采集主要通过以下几种途径：一是“数字考评”系统与相关单位的业务管理系统直接对接，自动实时采集相关数据信息；二是由各责任单位按统一规范的格式直接填报或以附件形式导入；三是请第三方通过系统标准接口提供所需的信息。数据采集支持电子文件、网页、音频、视频等多种格式，同时还提供信息数据的审核、整理功能，对数据做深入的加工利用。

（2）统计分析

借助“数字考评”系统，杭州市在综合考评和绩效管理中不断强化定量考核，对采集到的数据根据规则进行精确的统计分析，为此系统除提供相对固定的常规统计功能外，还提供自定义报表工具，能根据用户需要灵活定义各种报表，并可支持报表导出。此外，系统还提供数据挖掘、数据分析功能，可对历史数据进行分析、比对，为综合考评进行规律性或趋势性研究等提供基础。

（3）预警提醒

对各部门工作目标和任务落实情况及其相关信息的填报或提供情况进行跟踪督查，发现异常，通过办公系统、邮件或手机短信及时预警提醒。

（4）信息服务

向市委、市政府领导和有关单位及时提供全市重点工作目标或部门重点工作目标的进展情况、存在的问题及相关绩效信息，为领导决策和各单位目标管理提供辅助支持。

（5）互动交流

“数字考评”系统接收的市直单位工作目标、社会评价重点整改目标、实事项目进展情况等业务数据，经过保密性审查后，及时发布在“杭州考评网”上和“绩效杭州”展示厅中，接受网民和市民的专项评议，有效地缓解信息不对称问题，并为公民有序参与搭建网络平台；公众参与的反馈信息，直接进入“数字考评”系统的各业务模块中，形成“外网受理—内网处理—外网反馈”的内外网联动机制。

（6）个性化服务

“数字考评”是一个全市性的系统，涉及市委、市政府领导，市考评办，市直各单位，区、县（市）考评办等各种各样的用户，每种用户在系统中的角色不同，所关注的内容不同，系统应用模块不同。因此，“数字考评”系统针对不同的用户类型，提供个性化的信息门户，使各类用户能更直接有效地应用系统。

2. 主要特点

（1）涵盖绩效管理全过程

“数字考评”系统涵盖了绩效管理的全过程和综合考评的各个维度，从目标的申报、审核、下达、监管、考核，到社会评价意见的梳理、分类、交办、承办、考核均在网上流转运作，系统自动保留任何一个环节的修改痕迹，为综合考评提供一份完整详实的工作记录，便于监督检查。

（2）打造网上评审新平台

创新创优目标绩效评估是杭州综合考评的一大亮点和特色，专家的参与面非常广，通过搭建网上智能评审平台，直观地展示绩效责任单位申报的各种材料，专家可实现远程评审；在现场综合评估时，通过建构专门的评估模型，专家在电子设备上打分完毕，就可以直接得出评估结果，整个评审过程简洁高效。网上社会评价是社会评价的重大延伸，利用通信运营商的用户数据，精心设计样本配比，发出定向邀约，接受邀约者直接在计算机或手机上进行评价，有效地扩大了社会评价的参与面。

（3）实现考评结果准确量化

近几年，杭州综合考评通过指标体系和操作方法的调整与完善，不断增强量化考核的力度。“数字考评”系统可实时反映目标任务完成的情况，方便领导和部门随时掌握工作进度；在年度考核阶段，考核的自评、初评、复议、终评各阶段均在系统中进行；对部分年度考核数据，在核定基础数据的基础上，系统按照既定公式和计算方法自动生成，不再需要人工介入，以确保考核结果的准确性和客观性；系统还可对历史数据进行纵向、横向对比分析研究，并形成图表，直观形象地展示出来。

（4）便于参与各方紧密沟通

绩效管理的整个过程需要进行及时有效的沟通，“数字考评”系统利用网络优势，搭建了即时沟通平台，为绩效管理机构和绩效责任单位提供不受时空限制的交流工具。在“数字考评”系统中进行的沟通，相较于口头沟通而言，系统会进行忠实的记录，而不是说过就算，可以避免推诿扯皮、查无实据；相较于书面沟通而言，又比较便捷高效，避免文来文往、烦琐拖沓。

（5）实现管理资源大共享

信息资源共享是信息化建设的内在要求，“数字考评”系统在建设和应用过程中，既立足于考评办自身，又践行资源共享、不重复开发建设的原则，并可根据需要开放“数字考评”系统。对一些纳入综合考评和绩效管理的重点项目、重点工作任务，相关单位已建有信息化系统的，进行技术和内容对接，直接加以利用，一方面可减少开发成本，另一方面也可减轻相关单位的工作负担，避免其多头应对。对“数字考评”系统中的信息资源，只要部门工作确实需要，也积极予以支持配合，实现信息共享。

（二）数字考评在绩效监控中的运用

1. 细化绩效监控流程，提升绩效管理的把控力

通过设置规范化的流程和电子表单，统一明确工作标准和工作步骤，突出对绩效管理流程节点的控制，实现对各类工作目标的动态跟踪和实时监督，特别是对执行进度有明显问题的系统会自动发出预警，并通过办公系统、短信等第一时间传达给目标联系人进行提醒。目标的进展情况、存在的问题、是否需要调整等均可随时查阅，系统会对相关数据自动进行整理、汇总，便于全面、快速、准确地掌握全市情况，提升目标管理的实时性、有效性和精准度，从而推动全市的目标任务按时保质完成。

2. 搭建公众参与平台，促进绩效监控的透明化

为了便于社会公众更好地参与综合考评和绩效管理的过程性工作，“数字考评”系统作为后台支撑系统，“杭州考评网”“绩效杭州”微信公众号，“绩效杭州”展示厅作为前台应用系统，搭建了公众参与的平台。部门的年度绩效考核目标、社会评价意见、重点整改目标及其进展情况等及时在各应用系统上进行公布，随时接受公众的监督和评议，促进绩效管理过程的公开化，切实增强综合考评的信度。

3. 提供互动交流平台，促使管理双方形成合力

绩效管理机构与绩效责任单位是一种新型合作关系，共同致力于当地经

济社会的发展和政府绩效的改进。但是如何能形成一种合力，不但要有科学的绩效管理理念和方法，还有赖于在日常工作中建立良好的沟通管道。在开展绩效监控时，依托“数字考评”系统忠实记录各项工作的轨迹，绩效管理机构在开展工作时，能及时地与绩效责任单位交流想法，反馈阶段性的绩效情况，帮助查找问题并推进整改，使牵涉到多家单位的工作能更好地开展和协调；绩效责任单位也方便在系统上及时反映在目标执行过程中遇到的问题，获得支持，或及时告知整改的情况，便于工作的持续推动，“数字考评”系统在一定程度上促进了绩效管理双方合力的形成。

4. 搭建综合信息平台，助力领导决策和部门绩效改进

在绩效监控过程中，“数字考评”系统汇集了全市和各部门重点工作的进展情况，也囊括了社会关注的社会评价意见、年度整改目标的进展情况及相关的绩效信息等，还提供反映各公共服务窗口服务情况的满意度数据。这些基础信息能比较全面地反映全市的阶段性工作情况，还能通过对数据进行分析予以形象化展示，进行趋势性的综合分析研究。因此，通过“数字考评”在绩效监控中的运用，可以第一时间了解和掌握某项重点工作或某个部门即时的工作情况，为各级领导决策和协助部门推动工作提供动态、翔实的资料和基础性的服务。

还可打通社会监督，接受社会评价。社会评价意见整改目标按照意见内容、性质、反映面等要素，分为市考评办跟踪督办社会评价意见整改目标、重点整改目标和一般整改目标三类。市考评办对几年来社会评价意见中重复反映、群众关注度较高、意见比较集中、通过努力能够在当年解决或取得阶段性成效的重复类意见，每年确定 15—20 项作为跟踪督办整改目标，通过跟踪督办、治理诊断、召开述评会等方式来推动意见的整改。

为形成工作合力，有效推进跟踪督办社会评价意见的整改，专门建立整改联动工作机制，由市考评办、整改责任单位、绩效信息员三方共同参与，组成多个工作小组，每组分别由市考评办联系人、责任单位业务处（室）负责人、绩效信息员参加。其中，市考评办联系人负责本组整改目标跟踪督办的统筹安排和协调工作；责任单位业务处（室）负责人负责本单位整改任务的具体落实，同时做好与市考评办和绩效信息员的工作联系与对接，及时通报有关工作进展情况；绩效信息员根据分组对应的整改目标，负责了解整改情况，收集绩效信息，反映存在的问题，开展专题调查，提出整改落实

的意见和建议，参与市考评办组织的督查工作和专项测评等。

在整改过程中，要求责任单位按照开放、透明的要求，及时报送整改目标进展情况，通过召开座谈会、通报会、实地查看等方式，邀请绩效信息员参加，通报情况，听取意见，推进整改。绩效信息员通过实地调查、身边群众反映、媒体（网络）等多种渠道，做好跟踪督办意见整改目标、绩效信息收集，由市考评办汇总梳理后，及时反馈给各责任单位研究处理。市考评办在“杭州考评网”上开设专门的交流平台，帮助责任单位收集网络民意，增强与网民的交流互动。在整改过程中适时组织开展集中性检查、暗访或专题调查，帮助责任单位查找不足，分析问题，共商对策，促进整改落实。年底组织“两代表一委员”、绩效信息员召开述评会，在听取责任单位意见整改情况的介绍和进行答辩后开展现场评议。整改情况还要通过实地专项测评，接受直接服务对象的满意度评价。

近年来，杭州市通过对社会评价意见整改情况的跟踪督办，有效地解决了一批群众关注多年而得不到解决的热点、难点问题，切实提高了整改实效。

第二节　高校审计监督与效能监察协同分析

一、高校机关运行机制及特点

高校行政机关同国家事业单位中的行政机关的运行机制有其相似性，同时又因其所面对群体的特殊性又具有一定的独特性。高校行政机关具有的普遍特点是内部行政力驱动行政机关，在党的领导之下行政机关需要通过行政组织的具体行政指令来驱动，其具有如下的特点。

第一，组织机制方面，始终坚持党的领导和执行校长负责制。我国的教育事业的发展必须坚持党的领导为核心，同时高校始终坚持校长负责制。在高校学校党委的领导之下，高校校长对高校的各项事务发展进行管理，其中高校内部各个行政机关需要在校长负责制之下进行行政事务活动，而党组织则贯穿于不同层级、不同性质的行政机关之中。

第二，财政机制方面，具有强需求性和弱自足性。高校行政机关的发展主要依靠国家财政支持，行政机关及其人员的所有经费经由国家财政机关进行拨付，其本身没有财政开源能力，对财政的依赖性强。虽然通过财政的支持存在少部分高校行政机关能够盘活资源走向市场，有一定的创收能力，但远远不能实现财政自给。

第三，在决策机制方面，具有民主集中性。高校行政机关内部的资源划拨、人事管理、机关事务均需要高校行政决策机关进行民主集中制决策，决策之后还需要上报上级教育行政主管部门。这既需要广大教职工广泛地进行民主参与，也需要高校行政决策机关集中决策，这个过程中体现了中国特色社会主义教育事业中的民主性和集中性。

第四，在行政运行方面，具有程序性与制度性。高校行政机关内部运行以及事务办理都按照一定的程序推动，而这个程序又需要通过制度进行保障，使行政机关内部运行有条不紊的同时保证行政机关进行事务活动时的稳定和持续。

第五，在角色定位方面，具有服务性。高校行政机关本质还是国家事业单位，以全校师生作为服务对象和以学校的发展作为服务方向，为学校的发展而不断地调整和优化服务的目标和内容。而其最终的目的是通过服务去建设好、发展好高校，以培养大量的高素质人才投身于地方建设。

结合高校行政机关行政效能建设的实际情况，对之从组织、成本、决策、执行与程序、服务等方面进行总结，其现存不足及亟需提升的方面具体如下。

（一）行政组织效能不足及分析

通过对调研情况及结果进行分析，显示当前高校在行政组织效能建设方面存在包括但不限于行政机关设置精简程度有待提升、机构之间功能存在重复的问题；高校机关工作人员大部分有良好的素质与职业素养，但受限于历史与现实条件，部分工作人员存在消极态度，工作之中有推诿现象，主动性欠佳；同时机关工作人员之中存在一定数量的临聘人员或劳务派遣人员，这类人员的基本待遇得到了良好的保证，但也存在着归属感不强，缺乏良好的转岗转编机制，使之积极性、主动性的不强；此外，机关工作中存在一定基数的工作人员晋升时间长、晋升压力大，激励机制亟须进一步完善，同时行政机关编制管理总体以人事管理部门核定为准，但现实存在对非编制人员的管理机制不完善的问题。

综合上述，高校行政机关行政组织效能的建设不足，其主要受以下因素的综合影响：高校机关设置与发展过程之中，对于机关设置与机关功能的划分过程中经验学习与本地高校机关建设实际情况结合程度不足，同时随着其办学规模的扩大，其机构设置也随之扩大，但功能的划分上没有及时与时俱进；由于高校行政机关发展过程中受到客观的环境及内生条件影响，不同高校的行政机关发展的水平略有差异，人才队伍建设水平各有高低，但由于早期队伍建设相对滞缓，存在一定数量的行政人员学历不高、学习能力欠佳、个人素质考察不全面的问题；高校行政机关中，受限于学校财政条件和国家事业单位的管理要求，并不能提供足额的事业单位岗位编制，但为推进机关工作确需要聘用编制外行政机关工作人员，在现实工作中同等条件下没有较好地解决这类人的“保健因素”的问题。

（二）行政成本效能不足及分析

通过对调研情况及结果进行分析，显示当前高校在行政成本效能建设方面存在包括但不限于高校行政机关预算科学性不足，预算编制前瞻性有待进一步提升。具体体现在行政机关对年度预算规划不具体、不全面，预算执行中把控不严格，存在超预算开支与非计划执行情况；高校行政机关开支严格执行负责人签字原则，但在开支公开方面存在着滞后性和透明性欠佳等不足；财务报销过程中有严谨的报销管理制度，但存在部分环节审核环节滞缓，集中报销效率有待提升，报销程序优化空间较大的情况；资源分配不均衡，经费改革深度不够，不同行政机关经费审批过程不够深入；提供服务的服务商较单一，服务种类和合作方式及形式单一，服务质量及水平提升空间大，服务供应议价空间大等不足。

综合上述，高校行政机关行政成本效能建设的不足，其主要受以下因素的综合影响：高校行政机关财务预算编制与管理人员对行政机关全年性预算的总体把握程度以及具体详细开支情况了解不够详细，同时又由于行政机关确实存在事务繁杂且随机性强、支出的不可预测性强等的现实问题，故而预算编制困难较大；在开支公开方面受限于公开管理制度以及开支项目周期未结束等客观条件以及开支公开人员工作未及时推进情况等的因素，导致其存在滞后性和透明性欠佳；财务报销过程中因严格执行财务报销责任制度，故而对部分涉及面广，报销内容复杂的报销项目审核耗时时长，同时财务人员数量有限与报销需求的多样性之间的矛盾也是产生低效情况的重要因素；学校划拨经费常根据一定的标准与规则进行，但未充分考虑不同行政机关的特点以及人员构成情况，一定程度上导致资源分布不均衡，形成部分机关经费不足、部分机关经费富余的情况；向学校提供服务的服务商，在通过准入程序之后，一般没有合适且明确的末位淘汰制度，导致服务商调整不大，常年单一且没有及时对之进行市场化考核与议价，造成其服务水平有所下降的同时其服务费用保持高位现象。

（三）行政决策效能不足及分析

通过对调研情况及结果进行了分析，显示当前高校在行政决策效能建设方面存在包括但不限于高校行政机关行政决策机关一般会召开事关师生发展的事务的会议，但时效性一般较为迟缓，其急迫性取决于事务的重要性；面对涉及学校及师生的重大决策时，学校行政决策机关进行决策的科学决策体制并不健全且容易陷入一定周期的讨论之中，对决策项的优缺点的分析不够全面和透彻。综合访谈情况来看，高校各行政机关的行政领导决策能力大体良好，但是针对较专业的决策项目时仍需要专业的咨询机关或服务商；面对教职工和学生以及学校的发展风口，高校行政决策机关领导决策更趋于保守与追求稳中求进，对于风险的判断相对大于实际的风险；此外在行政机关进行事务决策中，师生群众的参与度相对较低，同时，师生参与决策过程中对于决策项的具体情况和决策背景了解并不全面，具有主观理解决策项的片面性等不足。

综合上述，高校行政机关行政决策效能建设的不足，其主要受以下因素的综合影响：高校行政机关召开事关师生的事务会议的及时性取决于行政机关对于相关问题急迫性的判断与分析，在不影响发展趋势向好的前提下，一般选择将更重要的事务提上会议议程；高校行政机关中一般设立了相应的咨询机关，但大多由相对应的专业科研队伍以及教职工兼任，在面对重大且较长周期的专项决策时容易形成不同的观点和分歧，反而给决策者造成决策的负担；同时占据优势决策观点方的观点会使决策者忽略其他需要关注的方面，进而导致决策具有一定的片面性；面对较专业的决策项目时，行政机关决策者知识储备面临较大的挑战，面对咨询机关或服务商所提供参考信息时也会因个人因素增加决策失误的风险；在稳中求进的行政文化环境中，重大决策风险的不确定性是使行政机关决策者趋于选择稳定与安全的决策项的重要因素；当前高校行政决策机关决策都建立相对应的师生参与机制，但这些机制有一定的周期性和时效性以及决策场所和决策项目的定向性，不能满足不确定事务决策时对师生参与度高的要求，同时受限于决策项目的及时性要求与师生了解决策项目的长耗时以及知识储备之间的矛盾，师生参与并不一定能够在实际了解决策项目的前提下进行科学参与并提出最佳的意见与建议。

（四）行政执行与程序效能不足及分析

通过对调研情况及结果进行分析，显示当前高校在行政执行与程序效能建设方面存在包括但不限于高校行政机关的行政指令或任务是可以得到执行的，但在执行过程中存在着执行偏差。高校师生在机关办理单一事务所耗时总体被控制在合理范围内，但对于时效性要求较高的事务并不会因为师生的急迫性要求而将之提前解决；师生在办理事务过程中，除了有办理过该事务的人进行流程指导之外，并不能在相关事务机关的公告中获得明确的指示或专人进行事项办理指导；高校行政机关进行公文上下行文时有规范的要求，但具体到个别的行政机关，常以本机关的行文规范为标准，跨部门行文、平行行文有时因不同的规格，使效率受到一定程度的限制等。

综合上述，高校行政机关的行政执行与程序效能建设的不足，其主要受到以下因素的综合影响：

第一，高校行政机关的行政人员虽有机会进行业务培训与再教育，但是因其行政业务的不确定性、培训的短期性以及培训过程中存在一定的应付现象，故而培训与再教育的实质效果与理想效果有一定的差距。行政机关工作人员面对机关事务以琐碎细杂的事务为主，长期固定的办公环境以及低氧环境带来的生理影响导致其情绪的稳定性和工作态度的积极性不佳；行政机关作为以强稳定性为特征的单位，其内部的结构与机构文化取向均有稳定性符号，在工作中便呈现一定的保守性和弱积极性的特点，从而使之在主动推动工作方式和工作流程革新方面并未得到贯彻，此外推进工作方式与工作流程革新会明显增加行政成本且效果短期并不明显。

第二，高校行政机关的行政指令或任务之所以在执行过程中存在着偏差，是因为执行单位对于行政指令理解有一定的偏差，并在执行过程中掺杂了个人对于指令或任务的看法，故而在最终执行与发布该指令的行政机关初衷之间形成的执行误差。师生在办理单一事务，对于及时性的要求与行政机关同时处理多个事务的繁重性存在着客观矛盾，并不能完全满足师生的全部要求。由于不同的行政机关事务办理流程与繁杂程度的不同，不同行政机关事务办理流程的明确性有所差异，且由于行政机关人员的有限性与事务繁杂性之间的矛盾，并不能提供足够的人力进行流程引导；由于不同的行政机关所负责的机关事务有所差异且公文规范在上下级之间有所规范不能体现在平行机关之间有较为一致的规范的行文行政文书格式的具体要求，导致跨部门行文存在一定的不便。

二、提高高校行政机关行政效能的对策

针对当前高校行政机关行政效能存在不足及原因，借鉴西方发达国家和我国发达地区一流高校治理的相关经验，结合域情特点、内生条件与外部环境，从高校行政机关的组织建设、成本控制、决策管理、执行与程序、服务提升等方面着力，高校行政机关的行政效能建设必须坚持党的领导，需推动组织机构建设，进行成本控制，完善决策机制与加强民主参与，优化程序与规范流程，加强服务能力建设与信息技术应用，为提升自治区内高校行政机关的管理水平、行政效率与质量，推进区内高校行政体制革新作出贡献。

（一）加强组织机构建设，建立健全激励机制

强化党组织在高校行政机关中的领导核心地位，坚定党的教育理念，始终坚持高校行政机关在党的领导下服务好高校师生的角色定位。尤其在自然环境条件相对恶劣情况之下要继续发扬中国共产党的精神，着实发挥各个高校行政机关党组织在政治与组织建设过程中联系广大师生的积极作用，要将党史学习之中的感悟贯穿落实到实际的行政机关工作之中。针对高校行政机关党员比重大的优势，要严肃党风党纪，倡导党员发挥好先锋带头作用，主动积极投身于行政机关组织建设，提倡党员的踏实肯干的优良作风，服从高校行政效能建设治理能力现代化大局，执行好落实好机关事务工作，追求质量与效率并进，构建好以党组织为核心的行政组织效能建设体系。

坚持人才引进与人才培养并举以及强化综合素质培养。要针对高校行政机关人才队伍的实际情况实施好落实好人才引进计划，让人才进得来、留得住、发展得好，解决好人才引进的待遇问题，制定好人才引进的远、中、近

期发展规划，让新鲜血液在行政机关中体现活力。根据行政机关现有干部队伍情况，分批次、分层次、分情况推进强化综合素质培养。积极提供学习平台的同时建立学习进步鼓励机制，使之愿意进步，愿意学习，愿意发展。

深化编制改革与社会性聘用激励机制建设同步进行。面对高校行政机关中存在一定数量的临聘人员和劳务派遣人员的情况，要对优秀的、能力卓越的人员积极引导考编入编，同时酌情向主管单位申请专项编制，提供好转岗转编的空间；对于自身条件稍差但办事踏实，作风优良的机关临聘人员和派遣人员，要坚持人文关怀与激励机制并行的办法，使之既要有获得感，也要有归属感，使“激励”与“保健”共存。

（二）加强成本控制，优化资源配置与管理

健全机关资金审计与预算责任制度以及完善财务管理制度。行政机关制定全面预算方案，从细从严，总量控制与时间节点管理相结合，对月度、季度、年度预算进行专项审计管理，对预算执行机关进行资金审计，使每一笔预算都处于监督管理之中，同时继续执行和强化预算责任制，责任到人，贯彻落实到位。此外，财务行政机关深化行政审批改革，不断完善现有财务管理制度，对于具体财务报销项目进行分类处理，多环节同步进行。依托组织建设中的人才队伍建设的成果，积极培养专业人才从人力和程序上共同解决报销滞缓的问题。

建立开支公开透明制度与服务商市场化准入与淘汰机制。推动开支公开管理制度建设，及时公开与主动公开并举，同时要求审计机关和纪检监督部门及时跟进。此外，对于支出项目周期较长的开支进行阶段性公开与报告，使每一笔经费开支在阳光之下进行。引进服务商市场准入与淘汰机制。准入执行市场比价与质量评测工作，严控招投标纪律。准入之后分季度、分学期进行服务商考核与综合评价，留下高质量的服务商，淘汰评测靠后的服务商。定期进行市场价格询价工作，主动与服务商议价，控制好服务成本。

优化资源分配与管理机制，解决需求同时鼓励创收。针对各个行政机关的具体情况与人员配比要求按需进行资源的划拨的同时深入考察各个行政机关经费使用和管理情况，量需而拨，杜绝浪费。同时鼓励担任科研任务和有市场业务的机关走向市场，积极创收，改善营收条件的同时严守纪律、杜绝腐败，使创收处于监管之下。使内部条件改善与外部资源利用的机制成为推

动解决行政成本效能建设问题的重要方法。

（三）完善决策机制与加强民主参与推动科学决策

优化高校内部治理现代化顶层设计。在学校党委领导之下积极推进领导班子治理理念现代化建设。需要高校领导班子立足本区域高校发展的实际的同时也要以科学的教育观念、强烈的革新意识、开放的格局与视野、虚心的进取态度同国内一流高校交流与学习，以之为基础，带领全校师生及行政机关不断开拓进取。同时主动与主管部门共同探索推进高校现代化制度建设。从制度与规章的层面，明确高校发展的方向与未来，在此条件下坚持党的领导下的校长负责制同教职工代表大会、学术委员会等组织相结合，以提升内部决策机构的科学性与民主性。

构建决策分级负责机制与师生参与长效机制相结合。对于决策项目进行合理分级处理，不同层级的决策项目对照相应权限的行政机关，对决策进行权力下放，使主要行政决策机关有足够精力解决重大决策项，而一般决策项不再成为消耗时间的影响因素；师生参与长效机制一方面是构建师生长效参与决策的制度，一方面是积极主动公开决策项的相关信息，并在师生群体中优选出较高专业水平和个人素质较高的代表进行意见整合，使之有渠道参与决策的同时能够了解具体内容并能够科学地给予意见和建议。

（四）优化程序与规范流程提升行政执行效率

遵循法定程序与科学设置程序相结合。依法规范行政机关事务指令，主动解释和引导执行人员理解行政机关行政指令或任务，加强纪检监察机关对行政事务执行中的过程监督，及时对执行进度及执行结果进行反馈与评价；在设计程序时应提前试验，并在小范围内进行试点，并在这个过程中不断修正程序与简化程序，缩短行政机关事务办理周期，在得到验证通过后，再根据各个行政机关的具体工作性质进行以实际情况为出发点的推广实施。

构建行政执行承诺负责制与公开化标准化行政事务办理机制。推动整合行政执行责任制与失职追究责任制的同时，加强行政机关工作人员绩效考评机制建设，使行政机关工作人员既受到事务执行过程中的制度监督，又能够通过良好的工作绩效机制得到激励；建立及时公开标准的行政事务办理机制，通过现代化信息技术进行流程公开与集中开展针对事务办理流程的规范化培训。统一规范高校内部各个具体行政单位的行政文书格式与建立标准化上下行文制度，主动建立空中文件信箱，集中共享和发布并及时更新规范性文件，解决行文不畅和审批滞缓等问题。

（五）加强服务能力建设与信息技术应用

构建高校行政机关工作人员职业再教育与培训机制。针对其行政业务的不确定、培训的短期性和低效性问题，这种机制确立轮训制度，分批次、分周期进行轮训，同时明确再教育结果考核机制，考核过程中实行奖惩制度，使之有机会为提升服务能力而学习且学习是有效果和有成绩的；同时提供和打造跨部门学习和实践平台，使优秀的行政机关工作人员有交流学习的机会，在理解其他部门工作的同时，反思改进自己工作行为和方式；鼓励青年向学的行政机关工作人员继续深造和提升学历层次，多渠道多平台提升行政机关工作人员的综合素质与工作服务能力。

应用前沿办公信息系统与加强高校行政机关信息化革新并行。积极引进国内高校运用的前沿教学、科研、管理服务综合信息系统，推动建设智慧校园进度，设立专项经费保障智慧校园基础设施建设。构建一体化行政事务办理与审批系统、财务预算与审批系统、数字化办公系统、师生与职工综合测评管理系统等子系统构成的行政机关综合管理服务系统，实现跨子系统的数据共享与资源共建，提升行政机关办事效率，降低行政办公成本，提升行政服务水平与教职工及学生满意度。

第三节　企业审计监督与效能监察协同案例分析

一、国有企业审计监督与效能监察

（一）审计与效能监察相结合的必要性

1. 审计监督与效能监察之间的差异性为两者的融合提供了必要条件

尽管内部审计和效能监察都属于企业内部进行监督的手段，但是，两者之间仍然存在一定的差异，而这种差异则为审计监督与效能监察的结合创造了条件。一方面，在内部审计过程中可以采用效能监察的方法和手段来获取审计信息，以保证审计工作的科学性，同时，在内部审计过程中发现的违规违纪问题也可以移交监察部门进行惩处；另一方面，在效能监察过程中同样可以利用审计知识和方法丰富监督手段，同时，也可以根据审计结果对企业的贪污腐败人员进行惩处。

2. 审计监督与效能监察的有机结合是国有企业提高监督效率的客观要求

从职能角度分析，内部审计可以起到防微杜渐的作用，使得被审计单位相关工作的流程和内容更加符合法律法规和企业管理制度的要求，并使得企业相关业务人员的业务行为更加规范。而效能监察则可以发挥监察职能，可以有效地加强国有企业的风险管控，降低被监察单位违规违纪行为发生的可能性。审计监督与效能监察的有机结合不仅可以降低国有企业内部的推诿扯皮现象、规范国有企业相关人员的业务行为，而且还能够对国有企业相关工作人员的职权进行有效制约，使得权力运行在制度的框架范围之内，因而能够有效地提高国有企业的监督效率，并成为国有企业发展的客观要求。

（二）审计监督与效能监察相结合的实践过程中存在的主要问题

1. 审计监督与效能监察之间缺乏协作机制

已经有越来越多的企业逐渐认识到审计监督与效能监察相结合能够提高监督工作的效率和效果，也在一些具体的监督工作实践中有意识的积极推进两者的相互融合，但是，到目前为止，国有企业审计监督与效能监察之间的结合仍然是短期的、间断的，还没有形成系统化的工作流程和协作机制。在一般情况下，审计监督和效能监察在职能上仍然是相互独立的，特别是部门分设的企业中，彼此之间未必建立起系统化、制度化、日常化的协作机制。因而对于国有企业来说，推进审计监督与效能监察的结合，建立和完善审计监督与效能监察的协作机制，实现审计监督与效能监察的整合效应，仍然是一个长期的任务和目标。

2. 审计职能和监察职能之间的沟通和交流有待强化

就国有企业来讲，根据不同的公司性质与组织特点，审计职能和监察职能有些设在同一部门内，有些设在不同的部门。对于前者而言，沟通与交流相对会好很多。因为这种情况下，虽然职能是分离的，但是毕竟是同一部门，工作也是统一安排，不存在明显的障碍与交流问题。当然，由于毕竟是两类业务，如果不同的工作小组（人员）没有形成有效的沟通机制，信息不对称的情况仍然是存在的。对于后者而言，这两个职能部门的职责和工作侧重点也存在比较大的差异，因此，在国有企业的监督工作实践中，审计部门和监察部门会由于工作重心不同，造成彼此之间缺乏必要的沟通和交流，不同类型的监督工作之间难以保持连贯，且不容易深入具体的业务活动中，从而使得国有企业的监督工作流于形式，难以发挥国有企业审计监督与效能监察的监督合力。

3. 审计职能与监察职能之间缺乏行之有效协作方式

如前所述，对于合并设置的部门，在工作安排上，如果能够综合考虑不同职能或业务的综合安排，则客观上也能够形成一种协作的形式。但在某些情况下，例如审计工作，相对来讲属于一项独立的工作，则与监察职能方面不一定主动进行协作。对于分设的部门，由于审计部门是对企业具体经济活动的监督和检查，而监察部门则是对企业管理人员履职行为、履职效果的监督和检查，工作对象的差异使得审计部门与监察部门之间的合作囿于简单的违规违纪线索的共享，缺乏行之有效的深入合作方式，从而难以充分发挥审计监督与效能监察的整合效应。

4. 审计、监察人员的综合能力仍需提高

国有企业审计监督与效能监察的融合对审计、监察人员的综合能力提出了更高的要求。但是，当前国有企业相关工作人员的专业素质和实践经验仍然存在差距和不足，审计专业工作人员一般不具备监察工作经验，监察职能的工作人员往往也不具备审计专业知识和能力；既掌握审计专业知识，又具备监察业务能力的综合性人才相对比较缺乏；审计、监察人员的综合能力还不能满足国有企业提高监督效率的客观需要，人力资源的差距和不足已经成为阻碍国有企业推进审计监督与效能监察融合的重要因素。

二、审计监督与效能监察相结合的改进和优化措施

（一）建立专门的工作协作制度

国有企业的内部审计和效能监察属于不同的工作职责，但两者天然存在着必然的联系。例如，内部审计发现了线索，通过效能监察进一步追究责任。对于不同的职能部门设置前提下，在组织架构上天然地阻碍了审计监督与效能监察的有效结合，因此，有必要在国有企业内部建立审计监督与效能

监察日常工作协作制度，并设立统一的领导机构负责企业的审计监督与效能监察工作。一方面，可以促进国有企业审计监督与效能监察的结合，以规范企业内部相关监督工作的程序和行为，并为国有企业各项监督工作的顺利开展提供制度保障；另一方面，还可以扩大审计信息和监察信息的来源渠道，最大程度地实现监督资源共享。

（二）建立监督信息共享机制

国有企业在开展内部审计时可以邀请监察人员参与，在进行效能监察时也可以邀请审计人员参与，这样一来，就可以有效地促进审计、监察人员的相互交流，并使得国有企业的内部审计信息和效能监察信息相互印证。例如，对于企业内控制度的测试信息可以作为效能监察的切入点，在内部审计过程中发现的违规违纪问题也可以直接移交监察部门立案查处，而效能监察信息也可以将掌握的群众举报信息反馈给审计部门，为内部审计提供重要线索，或者作为审计部门制定审计计划或审计重点的参考依据，使内部审计更有针对性。在国有企业内部建立监督信息共享机制，既可以有效降低企业搜集相关监督信息的成本，又可以提高相关监督信息的使用效率，提高国有企业监督的工作绩效。

（三）采取联合监督的工作方式

内部审计和效能监察都是国有企业进行内部监督的手段，国有企业的审计、监察部门并不从事具体的业务活动，其主要职责就是监督和检查企业的经济活动，因而能够站在客观和全局的角度对企业中蕴藏的风险进行识别。因此，为了提高监督效率，国有企业可以通过组织专项检查或联合检查的工作方式，定期或不定期地对企业内部的重点部门、重点项目、重点领域和重点环节进行联合检查或风险排查，发挥审计监督与效能监察的监督合力，检查各项业务管理中的薄弱环节，排查企业存在的各种风险，对存在的问题及时进行整改，对蕴藏的风险及时进行预警，切实堵塞管理漏洞，落实风险防范措施，掌握企业监督的主动权。

（四）加强领导，提高审计、监察人员的综合能力

当前，中央对国有企业领导的廉洁自律提出了更高的要求，这就要求国

有企业的审计、监察部门能够更有针对性地履行监督职能。国有企业审计监督与效能监察的有机结合，一方面，可以扩大对企业领导进行监察的信息来源渠道，不仅可以从群众信访举报获取检察信息，而且还可以从企业内部审计获取违规违纪相关信息；另一方面，通过效能监察对内部审计中发现的违规违纪问题的相关责任人进行处置，增强了处理违规违纪问题的力度和刚性，进一步加强了对企业领导拥有的相关权力的监督和制约，促使国有企业各级领导自觉约束自己的行为，达到反腐倡廉的目的。

在国有企业内部审计与效能检察工作中，工作人员所能够起到的作用是至关重要的，而国有企业推进审计监督与效能监察职能的融合则对审计、监察人员的综合业务能力提出了更高的标准，这就要求国有企业的审计、监察人员必须具有良好的专业素养和业务技能，为了提高监督效率，保障企业内部各项监督工作顺利推进，国有企业有必要定期对审计、监察人员进行业务培训，从专业素养和业务技能等方面提高审计、监察人员的综合能力，并最终提高国有企业的监督效率。

三、公路企业审计监督与效能监察

审计监督与效能监察能够使企业的经营效益明显提高。比如相对以前粗放的经营管理模式，严格的审计监督与效能监察能使成本大大降低，例如通过有效监督高速公路管养的各个环节，如日常管养实行计量管理、第三方评估管养效果等，使得成本支出降低，但管养效果明显增强。

（一）审计监督与效能监察的意识还需要进一步加强

随着现代企业制度的不断发展，高速公路运营企业也逐渐开始面临市场竞争带来的各种压力，对企业经营效益的追求迫使企业的管理者必须形成审计监督与效能监察的意识，通过审计监督与效能监察，发现解决企业发展过程中的各种问题。但在实践中，有些高速公路运营企业虽然开始有了审计监督与效能监察的意识，但却忽视了审计监督与效能监察的再监督作用，只是处理了表面的问题，并没有进行深层次的追究，还是不能真正地解决根本性的问题，这就阻碍了运营企业审计监督与效能监察工作的进一步发展。

（二）审计监督与效能监察运行体制不完善

目前我国的企业领导对审计监督与效能监察的具体细节掌握得还不够全面，对进行审计监督与效能监察的人员还缺乏统一的培训，更缺乏相应的奖惩措施，因此，运营企业的审计监督与效能监察机制还是不够完善、具体，阻碍了审计监督与效能监察机制发挥其应有的作用。

（三）重事后监察，轻事前预防

目前的审计监督与效能监察仍处在一种亡羊补牢的境地，主要侧重于对已经发现的问题进行事后监察，而预防防范的事前监察少，难以起到制止失职、渎职等腐败问题的发生作用。

基于上述分析，给出以下建议：

1. 增强审计监督与效能监察的意识

在高速公路运营企业开展效能监察时，部分干部员工对于效能监察的认识不够，内容了解不多，意识不强。这就需要企业通过各种方式宣传，让各级领导干部和员工对效能监察进行深入细致的了解，使其对效能监察的重要性和必要性有直观的认识，这是公路企业搞好效能监察的重要前提。为增强干部员工效能监察意识，澄清模糊认知，必须加大对效能监察的学习与宣传。首先要进行监察法规的学习，使企业党员干部、员工认识到贪腐、不廉洁就要受到追究，在其位不谋其政就会受到追究，进而增强勤政意识。其次要进行审计监督与效能监察意义的宣传。要使党员干部、员工明白审计监督与效能监察的概念，为什么要进行审计监督与效能监察，以及审计监督与效能监察的作用，为实施审计监督与效能监察工作建立群众基础和思想保障。

2. 构建适合现代企业制度的审计监督与效能监察机制

这主要体现在：①改革领导模式，要建立以企业主要领导为组长，分管领导为副组长，行政管理和监督部门参加的审计监督与效能监察领导机构；②完善责任机制，发挥行政业务部门牵头作用，形成从立项到监察都由业务部门组织，纪委监察负责协调督办，遇到重大问题需要立案时纪委监察介入的工作链条；③建立绩效考核机制，要把企业审计监督与效能监察工作作为考核企业党风廉政建设和经营管理的一项硬指标，纳入党政领导及有关业务部门工作评价、业绩考核的范围；④将审计监督与效能监察工作从建章立制向监督落实推进，切实改变重制度轻监督的现象。

3. 进一步加强事前监察工作

高速公路运营企业在开展效能监察工作时，首先要做好事后纠正、处罚以及反省。但是相对的，对于这种事后处罚，事前预防以及教育是我们在企业中提倡并开展效能监察机制的根本原因。惩罚不是手段，也不是企业效能监察机制的最终目的，它只是敲给企业以及后来者的警钟。企业审计监督与效能监察是将可能出现的问题尽量扼杀在萌芽状态，其根本作用是预防。对于发现的问题，可以通过通报、决定书等形式，严重的要坚决查办，杜绝大事化小、小事化了。同时还需要引导企业员工在工作中建立起防微杜渐的意识，反腐廉政从小事做起，从细节出发。

第四节　总结

一、行政机关与事业单位的审计监督与效能监察

行政监察部门属于地方政府，担任着行政监察的重任，并监督着地方人民政府的行政工作，当纪检委和行政监察部门合署后，在同一个部门里产生了两个行政机关，直接导致了监察部门独立特性的丧失。行政监察部门和法律规定其主要的智能格格不入，因为不仅属于纪检委也属于政府机关，所以在性质上行政监察机关不仅扮演着执行公务的角色，也扮演着党政机关的角色。

就当前形势来看，行政监察与纪检委合署，监察部门的总体实力提升，方便制造合力去更好地进行管理，可以更加有力地展现行政监察的职能，但是在履行职责的实际工作中来看，存在两个弊端：第一，行政监察部门的效能执行力度有所减化，监察职能却有所上升，行政部门机关的主要工作可以总结为：维护政治命令的下达，保证纪律的庄严性。与此同时，宪法也为其具体的处分处罚制度做了保障。行政监察部门的主要职能就是通过和纪检委的合力配合，整治社会不良风气，促进部门和企业的廉洁自律。忽视了对如何保证行政管理运作高效等的监督，这种实际操作情况与法律规定的行政监察部门的职责是不相符的。第二，宪法和法律规定，行政监察机关属于行政机关。法律也规定监察部门人员是国家公务员，负责效能监察执政的人员也自然就是公务员，但是党务工作者却在其中充当着决定性的角色，效能监察

部门一个领导机关和两个名称，效能监察与纪检执行人员角色会发生混乱，职责混乱，两者界限含糊不清。

总体来说，目前行政效能监察部门在地方政府同级的位置下进行执法，会受到很多客观因素的制约，地方利益的特殊性很容易使行政效能监察丢掉其自身的独立性，甚至完全受制于地方主体，很难达到预定目标的监督效果，进而使得效能监察的结果缺乏有效性和权威性。

二、企业的审计监督与效能监察

国有企业的审计监督与效能监察工作之间都具有很强的独立性，但两者也具有一定的关联度。由于二者都属于企业内部的监督工作，在一定程度上存在一致性，因而，内部审计与监察工作也往往相互协作，共同推进一些重点工作。随着国有企业管理制度改革的不断深入和推进，审计监督与效能监察相结合的新的监督模式应运而生，并表现出越来越明显的优越性。在国有企业内部积极推进审计监督与效能监察的有机结合，建立新的国有企业监督模式，能够使得国有企业的监督方法和监督手段更加科学，并能够更有效地发挥审计监督与效能监察的监督合力，加大国有企业的监督力度和深度，提升国有企业的监督工作效率和监督信息资源的利用率，降低国有企业违纪违规和贪污腐败行为发生的可能性，为国有企业的持续、快速发展保驾护航。

三、大数据技术对审计监督与效能监察的重要性

随着政府审计相关业务的智能化和网络化水平的不断提升，审计、监察机关越来越意识到大数据技术的重要性，其主要体现在以下方面。

（一）审计监督与效能监察工作的效率提升

利用大数据技术手段开展政府审计监督与效能监察工作，可以极大地提升审计、监察机关的工作效率。随着金审三期和数字政府建设的推进，越来越多的信息被纳入政府审计的范畴，如何高效地采集、处理和分析数据对审计人员非常重要。常见的技术手段包括但不限于：①数据挖掘，例如通过爬虫技术对数据进行深度采集，帮助审计人员快捷地获取所需信息；②数据可视化，将结构化数据以图表形式直观呈现，帮助审计人员找出审计事项的变化趋势；③智能数据透视，找出与审计对象相关联的信息，实现精准分析。

总的来说，通过各类审计智能化方法，能够全面促进审计效率的提升。

（二）审计结果的准确提高

利用大数据技术手段开展政府审计工作，可以得出更加准确的审计结果。传统的政府审计往往使用抽样审计替代全量审计形成结论，但随着数据的不断增长，审计结论的准确性受到越来越多质疑。在大数据技术手段的辅助下，审计机关能够更加全面地采集各类数据，对数据处理的深度和广度也在不断提高，从而更加全面准确地反映实际情况，增加了政府审计的专业性和权威性。

第七章　国外审计监督与效能监察的经验及启示

绩效审计是当今世界审计领域有别于财务审计、合规审计的一大审计类型。绩效审计作为现代审计的重要标志，是世界政府审计的主流。长期以来，美国、英国、德国、法国、加拿大、日本、俄罗斯、印度、南非等国家审计机关致力于开展绩效审计，取得了显著成效。这些国家审计机关开展绩效审计的有益经验和做法，值得正在探索审计监督与效能监察协同的我国审计、监察机关学习借鉴。

第一节　美、英的审计监督及效能监察特点

一、美国

美国是世界上最早将政府审计引向绩效审计的国家，2005 年以后绩效审计工作量占整个审计工作量的比重已经超过 90%，已经发展成为对受托责任、风险管理和综合治理进行评价的有效手段。早在 20 世纪 40 年代中期，美国的公营部门缺乏财务控制和使用国家资源效率低下、效果差的问题明显地暴露出来。为了保证公共财富的使用不仅合法，而且有效，以哈里 · F · 伯德为首的委员会在通过调查后向美国国会建议，政府公营企业应接受审计总署的审计监督。这一建议得到了国会的支持。进入 20 世纪 60 年代后，美国议会不仅要求了解政府机构款项的处理是否妥当、是否符合法律规定和规章制度，而且希望了解政府机构是否正在努力达到计划项目的预定目的，执行这些计划项目所需款项的使用是否经济而有效率。于是，美国审计

总署于 1972 年颁布了《政府机构、计划项目、活动和职责的审计标准》（亦称《黄皮书》），其中明确规定应实施“3E”审计。1993 年，美国又颁布了《政府绩效与结果法》，要求所有联邦机构发展和使用绩效评估技术，并向公众通报各自的绩效状况。美国绩效审计具有以下几个特征：

第一，立法模式的绩效审计制度。美国实行立法、行政、司法三权分立，这一制度使其国家机器运转的许多方面呈现一种权力制衡关系。美国的政治体制导致审计独立于行政部门，政府绩效审计针对财政资金使用部门、单位的业绩、效率进行分析和评价。审计机构独立于行政部门使绩效审计更有条件保持客观和公正。美国政府审计体制属于立法型，审计机关对议会负责，正是适应三权分立、相互制衡的这一政治制度的需要，建立了相应的审计体制，保证了审计机关在组织、经费和人员上的独立。通过审计的制约作用，进一步加强了这种权力制衡。在美国立法模式的审计体系下，审计结果也具有法律效力。需要指出的是，在美国立法模式的审计体系中，法律不仅规定有关审计内容，而且涉及审计方法。

第二，完善的法律及审计准则体系。自独立战争期间大陆会议把对国家政府的审计监督提上议事日程以来，政府审计的法律和准则问题就得到了高度重视。美国政府提高了一系列涉及审计的法案，有力地促进了不同时期政府审计的发展。为规范、指导审计人员的行为，1972 年，联邦审计总署发布了《政府机构、计划项目、活动和职责的审计标准》，该准则在法律授权的基础上，对政府审计人员的行为做了全面系统的规定，曾先后于 1981 年、1988 年、1994 年和 2003 年四次修订，被美国各级审计机构和会计理论界所公认。

第三，审计范围和内容的广泛性。根据美国法律的规定，审计长应调查一切有关公共资金的收入、支出和使用情况，并对其效率和效益问题向国会提出建议。因此，为立法机关服务是联邦审计的出发点所在。从绩效审计的范围来看，涵盖了医疗卫生保健、社会保障、自然资源和环保、运输安全、国家利益、反恐怖活动能力等诸多领域。从绩效审计内容来看，根据立法所赋予的权限，在《政府机构、计划项目、活动和职责的审计标准》中，规定绩效审计由两部分构成，即经济性和效率性审计、项目效果审计两部分。最近新公布的《政府机构、计划项目、活动和职责的审计标准》在绩效审计的定义中增加了结合预期分析及其他研究的内容，认可绩效审计准则同样适用于预期分析、指南或信息汇总。

第四，审计立项和计划的周密性，流程规范，责任明确。审计程序大体可分为三个阶段，即制定工作计划、实施审计和报告审计结果。在每个阶段，有哪些具体任务，由谁来完成等都非常明确，形成了一个责任机制，为提交高质量的审计成果奠定了基础。从整个审计过程来看，美国是比较典型的“问题导向”模式，即根据所谓“问题领域清单”在工作计划阶段确定审计项目，并据此分配审计资源。审计总署内的社会与经济发展处等业务部门牵头组织，将资源在项目间进行分配。牵头单位制定计划后，先送计划规划中心审核，然后由审计长、审计长助理、行政部门负责人与各工作主管人员组成的规划委员会举行的会议进行讨论，进一步修改完善。这时确定的工作计划成为审计总署正式工作计划的基础。

第五，广泛运用多种技术手段。在审计中，审计人员用采访、观察、调查和查阅文件等方法来收集数据，获得所需要的信息：然后用比较分析法、成本效益分析法、统计的定性和定量分析及回归分析法对数据进行处理。在内部信息不充分的情况下，还聘请外部专家顾问帮助完成工作。

第六，审计结果的公开性。每年美国审计署都会向国会提供各种绩效审计报告，包括常规审计报告、审计建议等。这些报告作为美国审计署审计的“产品”，会通过公开出版或者直接在互联网上公开。社会公众可以从公开出版物，或者直接从美国审计署的官方网站获得审计的最新结果。

二、英国

英国的官方审计机构，一是隶属于英国国会的国家审计署，二是审计委员会。国家审计署的职能是对政府部门和公共项目进行财务审计和绩效审计，审计委员会负责各地方公共事务的审计工作。

1983 年以前，英国国家审计署开展绩效审计是根据公共账目委员会的要求进行的。该委员会要求政府审计不仅要对政府和公共机构的财务账目进行审计，还要审计其效益性。1982 年英国颁布了《地方政府法》，规定绩效审计是审计委员会的工作范畴。1983 年英国又颁布了《国家审计法》，授权审计长可以检查任何部门使用资源的经济、效率和效果性。这两部法律的颁布为英国开展绩效审计提供了法律依据，有力地促进了政府绩效审计在英国的发展。20 世纪 90 年代以来，英国的绩效审计也在不断发展。国家审计署有一半左右的人员从事绩效审计工作，每年有近50%的审计项目是绩效审计或与绩效有关的审计。1997年，英国国家审计署（NAO）首次发布了《绩效审计手册》，其目的是确保绩效审计能够遵循审计标准。2003年对该手册进行了修订，指出国家审计署“要对议会（从而对纳税人）负责，通过绩效审计，确保公共资源得到合理运用。绩效审计的根本目标在于促进审计单位改善管理，提高效益”。英国国家审计署确认，2000年绩效审计的投入产出比约为1∶7，2001年这一比例达到了1∶8。由于公共机构的很多工作是无法以价值多少来衡量的，所以英国绩效审计的很多成果还表现为政府服务质量的提高、工作效率的提高和资源的节约等方面。英国绩效审计的特点主要是：

第一，立法模式的绩效审计制度。在英国，国家审计署和审计委员会共同负责绩效审计工作，它们均隶属于议会。审计署独立于政府之外，代表议会对政府公共开支进行审核，监督政府运作，向议会报告工作。审计署依法独立对政府机构、公共实体运用公共资金的情况及其经济性、效益性和有效性进行审计。审计对象不仅包括从中央到地方所有政府部门和政府机构，还包括逾半数使用公共资金的社会团体，并负责审计所有国家贷款基金账目。此外，国家审计署还承担国际劳工组织和欧洲农业指导与基金保障组织的审计工作。每年向议会下院公共账目委员会提交50多份报告。审计委员会负责各地方公共事务的审计工作，包括审计地方政府的教育、医疗卫生、交通、环境保护、社会保险以及其他接受地方议会拨款的公共事业部门。审计委员会的工作人员一是注册会计师，二是各类专业人员，这些审计人员除工作在审计委员会办公地以外，还有一部分人员被派往各被审计单位，担任审计特派员。

英国国家审计署和审计委员会均为非政府的官方审计机构，各地方议会中的账目委员会则属于国会的专门委员会。英国法律规定，国会账目委员会中的主席必须由反对党担任，且账目委员会中的反对党人数必须占多数，这种审计管理体制为英国审计的独立性提供了保障。这种管理体制和独立性为英国审计机构开展绩效审计，并取得较大成果奠定了基础。

第二，有针对性地确定审计项目。英国国家审计署每年大约设立60个绩效审计项目。每年在制订审计工作计划时，有关审计小组要对社会关注的重点、国家建设项目、议会关注的重点进行分析，并根据过去的审计工作经验及查阅有关文件和资料等方式，对通过审计可能发现问题的领域以及通过审计可以大大改善项目绩效的领域提出项目建议。审计署称这项工作为前期调查。前期调查的报告经过部门汇总后提交审计长，由其根据审计署工作安排情况和工作重点审批并确定当年开展哪些项目的绩效审计。

第三，广泛运用各类审计方法。英国绩效审计常用的方法主要有：询问法、调查法、观察法、统计分析法、典型分析法、图表法、变动分析法、成本效益分析法等。特别值得一提的是，在运用询问法和调查法时，审计人员要先设计好问题，所提出的问题要有建设性，要能够被准确地回答，分析各种答案得出结论。英国国家审计署、审计委员会在计划一个审计项目时，要对提出哪些问题、预计有怎样的回答、各种回答说明了什么，进行精心的设计和研究，这种方法具有一定的先进性和科学性。近年来，英国绩效审计还开发了一系列适合于绩效审计的特殊技术方法，如问题解析法、碰头会法、绘制结构关系图等。

第四，绩效审计成果的广泛利用。英国绩效审计的成果通过多种途径被有效利用。一是审计长向议会公共账目委员会提交绩效审计报告；二是向部门管理层提供建设性报告；三是向议会公共账目委员会提交备忘录；四是来信答复；五是形成绩效审计调查报告；六是出版国际文本；七是制定和出版先进经验指南；八是进行绩效审计宣传和研讨；九是向社会公布绩效审计报告。

第五，有效的审计报告公示制度。审计署审计报告中的审计建议不具有强制性，被审计单位可以不执行审计建议。审计署将审计报告提交议会并公开发表，并且通过加强与被审计单位的合作来确保审计建议得到执行。为最大限度地达到审计工作效果，审计署非常注重审计结果的公示。审计署所有审计报告全部在审计署网站上刊登，任何人都可随时查阅，审计署内有一个处专门负责对外宣传并协调审计署与议会公共账目委员会的管理。审计署同新闻媒体保持着良好的关系，通过发布新闻通告和举行专题新闻发布会的方式，通报有关信息，必要时还会安排新闻媒体采访有关审计项目负责人。除正式审计报告外，审计署还印发一些宣传册或宣传资料，一目了然地介绍绩效审计项目的审计内容和发现。审计署还经常举办一些专题会议，请有关人员或相关领域的专家就审计发现的内容进行研讨，总结如何进一步提高公共部门的运作绩效。总之，审计署的目的是通过各种手段尽量扩大审计报告的影响，所以，虽然审计署的审计建议没有强制性，但执行状况却比较理想。

第二节　案例分析

一、多德－弗兰克法案审计

（一）多德－弗兰克法案审计概况

2008 年金融危机使得美国经济受到重创，严重影响了人民日常生活，虽然联邦政府采取了一系列措施，但是并没有起到很好的效果，金融改革迫在眉睫。多德－弗兰克法案是美国在金融危机后，为了防范金融风险颁布的法律。为了维护金融体系的稳定，美国审计署（以下简称 GAO）需要对多德－弗兰克法案进行绩效审计，一方面检验多德－弗兰克法案实际的运行效果，另一方面对其进行修正，对金融各部门提出建议。因为金融监管体系由众多具有不同使命和职能的监管机构组成，他们制定的法规必须要符合联邦法规，多德－弗兰克法案包括特定的规则制定和协调要求，对多德－弗兰克法案实施绩效审计实际上就是国会对金融机构的监管，以实现资源的优化配置。

（二）多德－弗兰克法案审计采用的方法

在对多德－弗兰克法案进行绩效审计的过程中，采用了综合审计法。以 2016 年的审计结果为例，首先确定了审计对象，主要对在 2015 年 7 月至 2016 年 7 月生效的 30 条规则进行分析。采用量化成本和收益分析的方法，计算 2010 年至 2016 年银行控股公司的各项指标，包括规模指标、信用指标以及其他指标，对于规模指标考虑规模的变换以及临界值上下的数量，信用指标涉及偿债总额及其变化情况，其他指标涉及外国法人数量等，将这些指标与行业指标以及专业指标进行对比来分析金融政策。

根据 2016 年《多德－弗兰克法案审计报告》，GAO 更新了指标，以监控银行控股公司的规模、互联性、复杂性、杠杆率和流动性的变化。得出多德－弗兰克法案及相关规则的某些条款可能会导致银行 SIFIs 的某些特征随着时间的推移而发生变化。规模、关联性、复杂性指标旨在捕捉银行 SIFIs 财务困境影响金融体系和经济（溢出效应）的可能性。杠杆和流动性指标旨在获取银行 SIFIs 对冲击的抵御能力或其对财务困境的脆弱性。最后将审计报告提交国会，关于审计建议的执行则由各金融监管机构根据自身情况把握。

（三）多德－弗兰克法案审计的效果

GAO 对多德－弗兰克法案的审计，可以使得金融监管机构很好地把握潜在的金融风险，并及时地作出调整。2015 年多德－弗兰克法案审计报告中提出了旨在改善金融监管机构成本效益的五条建议，极大地改善了金融机构的效益。

多德－弗兰克法案的全部影响还不确定，因为该法案的某些规则还未被最终确定。至 2016 年 12 月，监管机构已经发布了针对 GAO 正在监控的 236 条规定中的大约 75% 的条款。每年 GAO 对多德－弗兰克法案进行审计，评估了被审计条款运行效果，审计结果为法案的最终确定提供了参考依据。从长远来看，GAO 对多德－弗兰克法案的审计，提高了联邦政府审计机构在联邦金融监管体系中的地位，强化了 GAO 在金融监管方面的作用，可以充分发挥 GAO 在防范系统性金融风险、促进金融体系稳定方面的重要作用。

二、小额贷款计划审计

（一）小额贷款计划审计概况

小额贷款计划是指小企业管理局（SBA）为中介机构提供贷款和赠款，以帮助他们向借款人提供贷款、培训和技术援助。根据法律，中介机构必须符合资格要求，并且必须是私营非营利实体或准政府经济发展实体。小额贷款计划办公室与 SBA 要持续监督中介机构，包括每日数据审查以及由财务分析师领导的季度审查和风险评估。此外，SBA 各办事处将使用小额贷款计划办公室的清单进行年度实地访问，以记录中介机构对计划规则和规定的遵守情况以及向 SBA 报告的小额贷款数据的整体质量。

按照美国国会的要求，GAO 要对 SBA 小额贷款计划进行绩效审计以评估该项目计划的绩效情况。

（二）小额贷款计划审计的具体过程

GAO 采取综合项目评估与财政方法。关于该计划的绩效审计评价指标，SBA 当前的绩效指标包括：小额贷款协助的小企业数量；小额贷款支持的工作数量；SBA 批准向小额贷款人提供贷款的数量；中介机构向借款人提供的贷款数量；小额贷款人计划咨询的小企业数量以及符合资格的小额信贷机构的数量。

2019 年 GAO 对小额贷款计划的审计主要包括四个方面：

（1）小额贷款计划中借款人和中介机构的特征；

（2）对中介人和借款人的计划监督；

（3）计划绩效指标以及；

（4）小额贷款计划与 SBA 内部以及其他机构的合作。

为了达到审计目的，GAO 审查了小额贷款计划的相关文档，主要包括：该计划的标准操作程序、小额贷款计划电子报告系统的用户手册和操作手册。GAO 还采访了财政援助办公室、资本评估办公室以及信贷办公室、风险管理和赠款管理办公室等机构的官员，这些访谈提供了对小额贷款计划的看法。此外，GAO 根据贷款数量和平均贷款金额确定了一系列规模的中介机构，并从数据报告系统获取了截至 2019 年 2 月的小额贷款计划数据，通过分析来确定小额贷款计划中介机构的特征。同时为了评估小额贷款计划的监督机制，GAO 审查了 SBA 监察长办公室的报告。对于小额贷款计划绩效指标的审计，GAO 审查了小额贷款计划的授权法规和实施条例，以及管理和预算办公室的指导。最后，为了评估小额贷款计划与 SBA 内部以及其他机构的合作，GAO 审查了小额贷款计划与其他 SBA 计划相关的材料。

通过绩效审计，GAO 向 SBA 提出了五项建议，包括加强对数据收集和绩效目标的计划指导、加强与该计划评估办公室工作人员的合作、加强与类似小额贷款活动的其他联邦机构之间的合作和信息共享、制定计划以提供有关该计划的其他公共报告。SBA 同意三项建议，部分同意两项。

（三）小额贷款计划审计的效果评价

通过分析小额贷款计划的数据发现，在 2014 年至 2018 年间约 80% 的小额贷款流向了妇女、老牌机构、少数族裔或低收入企业的借款人。此外，提供贷款的大多数中介机构（非营利贷款人）也参加了其他的联邦小额贷款活动。SBA 虽设有监督中介机构和借款人机制，要求中介机构将各种贷款和借款人信息报告到该计划的数据报告系统中，还设置了数据收集和绩效评估程序，但 GAO 通过审计发现了这些工作中的不足。例如，该计划的目标之一是为低收入借款人提供帮助，但是该计划并未定义低收入借款人。另一个计划目标是开发并提供及时准确和有用数据，但是 GAO 和 SBA 发现在收集和记录有关借款人业务信息方面存在缺陷。综上发现 SBA 缺乏有效信息来评估这些领域的计划绩效。GAO 建议可以让 SBA 的相关办公室参与进来；考虑评估绩效计划所需要的数据；小额贷款计划与其他 SBA 计划在监督和其他活动上进行非正式合作；在 SBA 报告中增加有关计划财务绩效的一些汇总数据，包括有关服务人群的数据；公开报告此类数据可以提高计划结果和成就的透明度。

三、洪水风险管理项目审计

（一）洪水风险管理项目审计概况

洪水风险管理项目包括适当使用堤坝和防洪墙等结构，以及采取非结构性措施（例如征地和重新安置结构），以减少对公共和私营部门的长期经济损害。这个项目由美国陆军工程兵团（简称兵团）负责，是兵团的三个主要任务之一。2015 年至 2017 年财政年度，兵团为三个任务中的 71 个建设项目申请了超过 30 亿美元的资金，其中最大的一笔为 13.3 亿美元，洪水风险管理任务中就有 33 个建设项目。

为了得到联邦政府的投资，需要对该项目以及替代方案进行成本和收益分析，按照国会的要求，GAO 要对洪水风险管理项目进行绩效审计。

（二）洪水风险管理项目审计具体过程

根据项目特征，GAO 主要采用项目评估方法，主要从以下三个方面进行分析：（1）兵团确定和评估项目替代方案的收益、成本和效果的过程；（2）兵团其他项目的成本和收益；（3）兵团对收益和成本的经济分析与最佳实践的一致程度。GAO 具体的审计计划包括：审计兵团的指导；检查兵团从 2015 年到 2017 年在八个地区完成的洪水风险研究中的计划文件和经济分析；并将兵团的经济分析与 GAO 评估方法中的最佳做法进行比较。

兵团的风险管理项目审计包括六个步骤，分别是识别、库存、制定、评估、比较以及选择。兵团在其可行性研究中使用了经济分析来评估特定项目的收益、成本和影响。GAO 在进行经济分析时，主要量化重要的成本和收益，并将这些量化效应货币化。GAO 将两种方法进行对比，检验项目可能出现的问题以及与实践的吻合度。

（三）洪水风险管理项目审计的结果

GAO 对兵团的建议主要集中在透明度层面，为确保透明度，在可行的情况下，兵团应充分量化经济分析。同时还应估计所依据的关键数据元素的统计变异性，以及这些关键数据元素如何影响估计以及替代方案。兵团要有效地评估每个选择和假设的合理调整可能对成本效益以及替代方案的影响，解释数据中关键限制的含义和使用的模型。兵团还应当使用净现值或其他度量标准来比较不同选择之间的影响。此外，分析应控制通货膨胀并使用经济上合理的折现率。美国陆军工程兵团承诺接受建议，对于既定的方法进行修改。

GAO 向国防部提供了审计报告。新闻部也指出，已经存在与确保可行性研究和审查的透明度有关的指导，承认可以将透明度确定为审查标准来加强和执行该指导。兵团也计划建立系统的指导，以达到透明度的目标，通过该机构的质量保证流程确保透明度，并在机构技术审查和质量控制评估中评估透明度。

四、对政府税务部门 IT 系统的审计

（一）背景资料

2003 年，英国国家审计署开展了对税务局 2002 年至 2003 年度财务审计以及防止纳税欺诈的绩效审计，在检查税收征管的合法性、合规性和合理性的基础上，还重点审计了税务部门 IT 系统的安全性与稳定性，尤其是出现过故障的新课税扣除 IT 系统以及电子退税服务系统。两个系统的情况如下：

（1）新课税扣除 IT 系统。2003 年 4 月 6 日，英国政府开始实施“子女

和工作课税扣除制度”，取代原先的“工作家庭和残疾人课税扣除制度”。按照规定，课税扣除必须申请，并经审核后，符合条件的申请人才能给予税款扣除。税务部门计划在2003年4月之前，将1月31日之前收到的符合条件的申请全部支付。截至2003年6月底，税务部门收到了450万份课税扣除申请，同时支付了大约26亿英镑。预计子女和工作课税扣除今后每年要支付160亿英镑。为支持新课税扣除制度，税务部门委托IT开发商EDS开发了一个新的课税扣除处理系统。2002年至2003年度，在课税扣税制度项目委员会的监督下，税务局一直在完善这个系统。但是，这个系统全面投入使用后，出现了严重的技术故障，导致大量纳税事项处理被延迟。

（2）关于网上电子退税方式。为方便退税，税务部门开发了网上电子退税系统，并且鼓励纳税人在线提交电子退税申请。但2002年5月，出现了少数纳税人在网上填写电子申请表时可以看到其他纳税人的数据信息的泄露事件。

（二）审计目标

（1）可用性。检查税务部门IT系统的可用性，运行的稳定性、运行速度以及功能的有效性。

（2）安全性。检查税务部门IT系统保存的信息是否安全，纳税人的信息是否得到保密，纳税人对于税务部门的安全信任度是否足够高。

（3）完整性。检查税务部门IT系统数据的完整性。

（4）风险管理。检查税务部门IT系统的相关风险管理是否充分、有效，开发设计和测试策略设计的合理性，以及设计、开发、应用过程中的各种风险及其影响的评估是否合理。

（5）故障处理。检查税务部门对于IT系统故障处理及其采取的补救措施是否及时、合理、充分和有效。

（6）资源利用。检查税务部门IT系统资源是否取得了最大利用率，运用是否确实有利于提高工作效率。

（三）审计方法

（1）调查法。为了解新课税扣除系统在投入使用初期产生错误的原因、所采取的措施及系统的恢复情况，审计人员对税务部门、系统开发商、政府商务署、新课税扣除系统项目委员会以及部门雇主进行了综合调查。围绕电子退税系统出现的错误，税务部门进行的补救措施，以及恢复服务后的使用效果，审计人员对税务局进行了专项调查。

（2）访谈法。审计人员与来自税务局的大业务办公室、课税扣除办公室、内部审计、新课税扣除系统项目委员会以及系统开发商 EDS、政府商务署项目关口检查部门等的各方代表进行了专题访谈。

（3）资料审阅法。是指被稽查企业的一些有关书面资料，通过审计人员认真阅读和审查凭证、账簿、会计报表及计划、预算、经济合同等书面资料，借以查明财务收支和各项经济活动的合规性、合法性、真实性和正确性，是审计工作中常见的一种方法，也是最基本的取证方法。

（4）比较分析法。对新课税扣除系统，审计人员采用计量统计分析法，对税务部门提供的中期转账支票支付方式的发生数量进行了月份比较分析，以佐证税务部门所进行的恢复工作是有效的，而且恢复后的系统运行正常。对于电子退税系统，采用计量统计分析法，对电子退税申请的数量进行了跨年度比较分析，以佐证电子退税服务系统的安全性得到了提高，并受到了更多纳税人的欢迎。

（5）专家经验法。审计人员广泛咨询了税务部门专家组、系统开发商 EDS 专家组、政府商务署负责系统关口检查的专家组、新课税扣除系统项目委员会及税务部门外聘的专家顾问团等专家代表，以获得有关的建议。

（四）审计发现的主要问题

（1）测试策略的缺陷影响了新课税扣除信息系统的稳定性、运行速度和可用性，并最终导致了纳税申请事项的处理延迟。2003 年 1 月以来，新课税扣除信息系统出现了由于运行速度慢和系统故障而造成的系统停工，4 月份投入使用时，又出现了一系列需要人工操作才能克服的已知 IT 错误。随后，出现了严重的系统运行问题，业务处理被迫延迟的现象大量发生，并影响到整个系统。2003 年 4 月 28 日，财政部向下议院的陈述中，指出了新课税信息系统故障造成的严重后果：许多在 2003 年 1 月 31 日以前就提交课税扣除申请的申请人仍然没有收到课税扣除款；有一些申请的处理时间达 7 个月；有些按周领取课税扣除的申请人在规定的第一次领取日后 3 周，都没有收到课税扣除款；为申请人和下议院议员开通的热线服务电话不能处理所接电话的号码等。据税务部门和 EDS 的分析，故障产生的原因是：为保证在 4 月份以前该系统的关键功能可以正常运行，在测试策略设计时，把功能性测试放在了第一位，而忽视了其他测试。事故发生后，税务部门采取了许多措施，来处理新课税扣除系统出现的问题，如：修订工作计划，制定新的措施，重点关注那些出现问题的地方，尽可能将积压的工作都办完；提供中期转账支票支付方式；全面总结经验教训，聘请专家组再次检查；讨论赔偿问题。

（2）系统运行速度过慢，影响课税扣除支付记录的更新，需要大量的人力来手工编制支付清单，加大了税务部门的工作压力。在地方税务局做支付课税扣除工作时，需要通过访问 NTC 和新信息系统来完成记录的更新。但是系统运行速度过慢，会影响访问操作，这时就需要先编制手工支付清单，等系统恢复正常后，再录入 NTC 系统。这样加大了税务部门的工作量，如何做好支付工作就成为税务部门面临的一个巨大挑战。

（3）新课税扣除信息系统未能按原设计需求，实现支付授权与操作之间的“每日自动协调”功能，影响税务部门对课税扣除付款的核对。在新课税扣除信息系统支付循环的设计中，提供了在支付授权和支付操作之间的每日自动协调功能。但是，由于新的课税扣除系统还未提供对这种协调功能的相关支持服务，这种协调根本就无法发挥作用。为实现这一协调功能，税务部门正在详细部署，但是直到 2003 年 9 月份还未完成，甚至计划都还未定案。

（4）在新课税扣除系统试用阶段，雇主难以适应税务部门的要求。在新的课税扣除规划中，雇主承担着非常重要的工作。他们和工资软件开发商参与了业务流程和数据表的设计。尽管如此，雇主对于税务局发布的一些通知仍然感到困惑。为解决这一问题，税务部门专门安排人员详细地记录了雇主们反映的问题，并和雇主代表进行了广泛的探讨。

（5）电子退税系统出现安全故障，导致部分纳税人信息的意外泄露。在 2002 年 5 月，出现了一小部分纳税人在网上填写电子申请表时可以看到其他纳税人的数据信息的情况。对此，税务部门立即作出反应，停止了此项服务，并会同 IT 系统服务商及其他相关部门对问题原因展开了详细调查。经过全面的检查分析后，税务部门设计并实施了补救措施。同时，在恢复服务之前，还请了一些信息技术和互联网方面的专家来帮助测试新修改的系统，并向所有受到影响或可能受到影响的纳税人致信揭示了事故原因，告知问题已解决。从2002年夏季以来，就再也没有发生过类似的互联网申请填写的技术问题。从2002年4月6日至2003年1月31日，共有32.5万件税收返还申请通过互联网提交，超过上年同期的4倍。同年，通过代理人提交的电子退税申请也增加到了36.5万件。

（五）审计建议

（1）应当重视并保持纳税人对税务部门的信任度。

（2）在维持系统的日常运行及处理积压工作的同时，应当加强课税扣除控制。

（3）充分吸取IT系统建设中的教训，制定全面、有效的系统设计和测试策略。

（4）帮助雇主尽快从系统故障所造成的影响中恢复过来。

（5）加强互联网业务的安全性，保护纳税人的利益。

第三节　国外审计监督与效能监察经验总结及启示

国外虽然对审计监督与效能监察的定义不同，但是绩效审计目标都强调政府管理资源的经济性、效率性和效果性，只是其侧重点有时有所不同。绩效审计的中心在于评价和提高资源利用或管理上的有效性，绩效审计的内容主要是经济性、效率性、效果性。绩效审计工作已成为今后我国政府审计机关一个时期内政府审计工作重点。借鉴国外审计监督与效能监察好的做法，对我国审计监督与效能监察协同的顺利开展具有重要意义。

一、明确审计监督与效能监察的法律地位

政府审计法律和规范准则的制定是影响审计监督与效能监察发展的至关重要的因素。国外审计监督与效能监察协同的发展过程可以看出，完善的法律和规范准则的制订是确保审计监督与效能监察协同质量及其有效开展的重要条件。凡是审计监督与效能监察协同开展比较好的国家，其审计监督与效能监察协同方面的法律和规范也是制定得比较完善的。美国1970年颁布的《立法机关重组法案》和1974年颁布的《国会预算与拨款控制法案》，授权美国审计署对政府机构的项目管理活动进行评估与分析。1972年又颁布了

《政府机构、计划项目、活动和职责的审计标准》，该准则经4次修订后日趋完善，这些对美国乃至世界范围内的审计监督与效能监察协同开展产生了巨大的影响。英国审计署1983年颁布了《国家审计法》，为审计署开展效益审计提供了法律基础。美国制定了《政府审计准则》规范审计计划、现场作业、审计报告等。英国审计署在总结多年经验的基础上，1997年出版了指导审计监督与效能监察协同的《绩效审计概要》，2003年又颁布了《绩效审计手册》，以确保绩效审计能遵循审计标准实施。除了各国制定的审计监督与效能监察协同实施标准以外，最高审计机关的一些国际组织，如国际最高审计组织在总结各国经验的基础上，也制定了一些关于审计监督与效能监察协同的文件，如《世界审计组织绩效审计指南》《亚洲审计组织绩效审计指南》等。

二、制定审计监督与效能监察协同准则或指南

美国2018版政府审计准则，涵盖了财务审计、绩效审计和舞弊审计等主要审计业务类型。英国审计署为开展审计监督与效能监察协同，颁布了《绩效审计手册》，对审计监督与效能监察协同的质量控制提出了指导性意见，用绩效标准强化审计质量。目前，我国审计监督与效能监察缺乏规范化，审计操作难以遵循，审计质量无法考评。我国审计机关应在具体的审计实践操作中，通过修订国家审计准则和制定《绩效审计指南》，对审计监督与效能监察协同的审计内容、审计程序、审计评价标准、审计方法、审计报告格式等予以细化，规范审计监督与效能监察协同的具体业务和质量标准，以保障审计监督与效能监察协同结果公允，促进审计监督与效能监察协同快速发展。

三、建立一套完整的绩效评价指标体系

审计监督与效能监察指标体系是衡量被审计单位绩效的标准。西方大多数国家都制定了详细的审计监督与效能监察协同标准，如美国会计总署制定了七条公共部门审计监督与效能监察协同测试与评估标准，对难以量化的标准提出了“优先实践”概念作为衡量标准，并实行“金额化”法。传统审计的对象是以会计资料为基本载体的经济资料，而审计监督与效能监察协同的对象却是以业务资料为基本载体的管理活动。在这个基本一致的审计对象

下，尽管世界各国对审计监督与效能监察协同的叫法各不相同，内容也略有差异，但从世界各国开展审计监督与效能监察协同的主要内容来看，都是围绕着经济性、效率性和效果性审计开展的。审计监督与效能监察协同的核心都是衡量资源是否被有效利用和是否达到了目标或结果。经济性、效率性和效果性都是整个审计监督与效能监察协同的核心的价值判断标准。各国的审计监督与效能监察协同内容和范围也有许多共同的和相互重叠的部分。如关心各类绩效问题以及这些问题与资源管理和使用之间的关系；关心各类管理活动的具体内容；不仅关心决策者或执行者做了些什么，也关心没有做什么，对资源的输入及其使用过程感兴趣。

由于我国政府审计的范围广泛、涉及的单位类型复杂、工作性质各不相同等，长期以来我国一直未能形成统一的政府绩效评价标准，这就给审计监督与效能监察的开展带来一定的困难。根据这一现状，结合我国现阶段的审计工作水平，我国审计署应尽快建立一套完整的、具有可操作性的审计监督与效能监察评价指标体系。

四、拓展公共政策执行情况审计监督与效能监察协同

1993年颁布的《政府绩效与结果法》，为美国审计署开展公共政策评价研究提供了法律依据。该法案使美国审计署从监管联邦政府部门局部的、具体项目的执行层面，上升到监管国家整体战略计划实施的层面，并为美国审计署公共政策评价提供了科学评价指标体系。如今，绩效审计、项目评价和政策分析占到美国审计署工作量的90%以上。现阶段，我国绩效审计未能完全满足国家治理的需要，必须拓展绩效审计范围，践行审计服务国家治理的理念。公共政策执行情况绩效审计是一种宏观、高层次的审计监督与效能监察。服务理念应当作为审计监督与效能监察的指导思想。当前，要加大对中央重大政策措施贯彻落实情况的跟踪审计力度，把促进政策措施贯彻落实作为审计工作重点，持续跟踪审计各地区、各部门贯彻落实中央重大政策措施情况，及时发现和纠正有令不行、有禁不止行为，及时揭示和反映政策执行中出现的新情况新问题，促进政令畅通，提高政策效用，推动国家治理机制良好运行。

五、在各个审计领域加大绩效审计力度

外国审计机关绩效审计内容丰富，覆盖面广。例如，英国审计署绩效审计对象范围主要包括五个方面：一是政府工程建设项目投资和实际运行情况绩效审计；二是大额财政资金使用情况绩效审计；三是公共部门日常管理活动情况绩效审计；四是环境保护绩效审计；五是对公众关注的事项绩效审计。我国审计机关要把绩效理念贯穿审计工作始终，在各个审计领域加大绩效审计力度、广度。要开展财政预算执行绩效审计，持续关注财政资金的存量和增量，推动财政资金合理配置、高效使用，促进财政提质增效。要加强财政专项资金绩效审计，关注财政支出的绩效，促进财政专项资金规范高效使用。要加强“三公”经费、会议费使用和楼堂馆所建设等方面审计，促进厉行节约和提高行政运行绩效。要加大对民生和资源环保项目的绩效审计力度，深入分析财政投入与项目进展、事业发展等情况，坚持纵向到底，循着资金流向走，从政策要求、预算安排、资金拨付一直追踪问效到项目或个人，推动民生改善和生态文明建设。要加强国有企业经营绩效审计，促进国有资产保值增值。要加强国家建设项目投资绩效审计，促进提高项目投资绩效。要加强外资运用绩效审计，促进提高利用外资的质量和效益。经济责任审计与绩效审计在审计目标上有共同之处。要以绩效审计理念提升经济责任审计目标、深化经济责任审计内容、创新经济责任审计方法、完善经济责任审计评价，促进绩效审计与经济责任审计全面结合，推动经济责任审计转型升级。

六、坚持探索开展独立型绩效审计项目

从世界审计领域的发展趋势来看，绩效审计已经成为政府审计的主流。提高政府绩效是公共管理的基本目标之一。外国审计机关每年都安排一定数量的独立型绩效审计项目，有的还制定绩效审计战略规划。例如，美国审计署已将绩效审计年度计划与国会听证需求相衔接，形成动态耦合机制。相比之下，我国审计机关绩效审计尚处于起步阶段，独立型绩效审计项目安排甚少。从目前我国审计工作实践来看，独立型绩效审计与结合型绩效审计并重是现实的选择。独立型绩效审计是指专门单独立项开展的绩效审计项目，主要审查和评价审计对象配置、使用、利用财政资金和其他公共资源的绩效目标设定情况；财政资金投入和使用情况，其他公共资源配置和利用情况；为

实现绩效目标制定的制度、采取的措施和绩效目标的实现程度及效果。独立型绩效审计是绩效审计的发展方向，逐步开展独立型绩效审计是绩效审计工作走向高端和成熟的标志。我国审计机关在制定审计工作五年规划和年度审计项目计划中，应结合自身实际情况和工作目标选择，坚持独立型绩效审计和结合型绩效审计并重，加大探索独立型绩效审计的比重，不断扩大绩效审计的影响，推动绩效审计实践向"促进良治"目标发展。

七、加强审计监督与效能监察队伍建设

绩效审计涉及范围广，对审计人力资源的结构要求更为复杂。美国审计署员工知识背景包括会计、法律、工程、公共管理、经济学、社会科学等。德国联邦审计院多数审计人员具有法律背景，同时也雇佣商科和经济类毕业生、计算机专家以及建筑、机械、通信、电子和信息技术等领域的工程师。同时，绩效审计需要利用多种专业的专家。加拿大审计署每一项综合审计（含绩效审计）都设有一个顾问委员会，由来自审计署内外部具有优良的专业技能、洞察力、知识和经验的专家组成，他们通常是所在专业领域的领头人。为了保障审计监督与效能监察顺利实施，我国审计机关必须优化审计人员知识结构，吸收经济学、法学、管理学、统计学、数学等知识背景的人员充实审计队伍。同时，应根据不同的绩效审计项目，在审计实施之前对审计人员进行专门的业务技能培训，尤其要注重对目标审计、内控审计、管理审计等方面的培训。此外，要建立和完善绩效审计专家库、社会中介机构库，优化绩效审计专家聘任和聘请社会中介机构人员参与绩效审计的方式、方法，充实绩效审计力量，提高绩效审计质量。

八、学习先进的审计技术和方法

合理选用审计方式和方法是有效实施审计监督与效能监察的保证。由于绩效审计更多地关注的是政府行为的合理性，绩效审计的内容和重点均不固定。所以，在审计技术方法上，绩效审计具有跨学科的特性。它更多地需要依靠社会学、经济学和管理学等多学科的知识才能实现。因此，要想开展好绩效审计，必须学习和运用科学、先进的审计知识和方法。

第八章 推动审计监督与效能监察协同的对策研究

第一节 管理体制

一、充分发挥行政效能监察主要职能

新时期，行政效能监察工作要进一步明确职能定位，着力提升政府效能，着重加强对政府部门及公务员人员行政效能的监督检查，把该管的事管住、管好、管到位，把不该管的工作交还给主责部门，解决好错位、越位、不到位的问题，切实集中精力，转到效能监督检查上来。

（一）加强对行政审批事项的监督检查

行政审批事项过多直接导致行政审批时间长、效率低、办事难，同时也增加了监管的工作量和难度。通过集中清理规范行政审批事项，对于无法提供政策依据的审批事项一律取消，进一步压缩审批时限，简化审批流程。同时，将审批事项全部纳入行政服务中心进行了归口办理，全面实现审批事项网上办理。通过推进审批服务下沉，畅通审批服务绿色通道，提升服务效率和服务质量，积极为服务对象“建档立册”，为大型重点企业提供“点对点”个性化和模式化审批服务，优化审批流程，严格审批时限，最大程度降低企业和群众办事成本。

（二）加强对行政许可事项办理情况的监督检查

开展行政许可事项办理情况效能监督检查，是规范行政权力的有力抓手，是对行政权力监督制约的有效途径。一是规范行政许可办理时限，根据《行政许可法》规定，行政许可办理时限不得超过 45 日，对于超时办理的行为进行严厉处罚；二是规范行政许可范围，擅自更改审批事项要素，变相实施国家已明令取消或下放的审批事项；三是规范行政审批行为，严禁将行政审批事项按照环节和程序分解后单独实施审批。

（三）加强对行政权力公开透明运行的监督检查

依法规范行政权力，是行政权力公开透明运行的根本保障。一方面通过清理行政权力，建立行政权力清单，规范职责权限，明确相应责任，对于违规行使行政权力的行为，严肃追究相关责任。另一方面按照权力运行的程序、审批环节、承办职责、办结时限、投诉举报等内容绘制行政权力运行流程图，有针对性对行政权力运行情况开展监督检查；还可以通过实行行政审批电子监察、效能投诉网上办理、信息平台电子监控等手段，进一步压缩行政审批办结时限，优化审批流程，深入推进政务公开和电子政务，实现行政权力网上运行，构建行政权力公开高效运行机制，切实加大对行政权力公开透明运行的监督检查力度。

二、完善行政效能监察领导体制

（一）实行垂直的行政效能监察领导体制

由于我国现行的是“双重领导”的监察领导体制，在“双重领导”下，上级监察部门主要负责工作业务的“事权”，而同级党委政府控制着“人事权”和“财政权”。所以表面是“双重领导”，但是真正的决策权，还是在同级党委政府手里，比如对谁展开调查，如何查，都需要同级党委政府批准。这种“双重领导”体制严重制约了行政效能监察履行其监督检查职能。因此，应尽快建立中央、省、市、县四级垂直管理体制，效能监察机关所需经费单独列支，其人事任免由上级效能监察机关决定。实行垂直管理之后，监察机关与同级政府就不存在利益制约关系，保证了行政效能监察机关的独立性。监察部门实行垂直管理，并不是完全脱离政府的领导，毕竟行政效能监察是政府的一项重要监督手段，但监察部门的人、财、物、业务及政绩考核，则改为以垂直管理为主，只有这样才可以保持监察部门的相对独立性，才可以实现对同级政府及公务人员的监督职能。

（二）设立专门的行政效能监察工作机构

目前，我国没有在监察部门内部设立统一的行政效能监察工作机构，各地行政效能监察工作机构的设置、编制属性、工作职责等呈现出多元化趋势。有的地区在监察机关内部设立效能监察室或效能室承担本地区的行政效能监察工作任务；有的地区在纪检监察机关下面设立直属单位（公共资源交易中心、政府服务中心等）承担行政效能监察工作任务；有的地区设立直属政府的单位承担行政效能监察工作职责；有的地区还没有设立行政效能监察机构。因此，我国有必要设立专门的行政效能监察机构，明确职责属性，专司行政效能监察工作。

（三）强化认识，提高行政效能监察部门的权威性

政府行政效能监察部门在相对垂直的领导机制下，具有了很大的优势，比如说：

①独立性。行政效能监察权不会受到法律中其他权力的过多干涉，具有政府检察权和独立于政府权的特性。行政监察人员对法律负责并对上级行政监察机关负责，且最终对政府负责。

②行政效能监察是上级行政监察机关直接领导下级监察机关，在自己职权范围内行使行政监察权，这样可以明确职责，制约行政监察人员。这是典型的层级节制制度，在实践中与首长负责制相结合，结构严谨、指挥灵活行动统一是其优点。

③组织性。相对垂直机制的行政监察领导部门，使得地方监察部门能够统一行使监察权并能够促使监察工作人员严格根据法律规定，依法行使监督权。所以，相对垂直的行政监察领导体制要求行政监察部门有着更大的职权，这种职权体现在行政效能监察上，主要包括两个方面的内容：一是在行政监察机关现有的基础上拥有调查权、检查权、建议权和处分权，同时再赋予其对同级政府领导的罢免权、行政效能监察的委托权和一定的经济处罚

权，维护了行政效能监察的庄严性和有效性。二是行政效能监察工作中包括了对政府机关行政效能的监察，监察政府行政人员在行使职权及工作过程中，行政是否合法、职责是否履行及履行是否合理等行政行为是其重点，因此相对垂直的领导体制以及相应扩大的监察权力，有利于效能监察工作强化预防，确定监察目标，制定科学有效的监察计划，促使行政效能监察规范化、科学化。能够把政府所有行政部门执政中掺入行政效能监察的工作成分，促使双方的公务人员办事效率和质量提升，全面提高政府工作效能。

④拓宽行政效能监察监督渠道。当前，行政监察机关是唯一具有开展行政效能监督检查职能的政府部门，随着我国行政效能监察工作的深入开展，单纯依靠行政监察机关已经不能满足现阶段对于效能监察的发展需求。因此，通过加强效能投诉网络建设和设立专门的投诉机构等方式，可以进一步拓宽行政效能监察监督渠道。一是构建行政效能投诉网络，通过受理网上投诉，实行网上批办和网上回复，创新监督形式，加强行政效能监察的监督检查力度。湖南省益阳市行政效能投诉中心在政务网站开通了网上投诉平台，24 小时受理投诉，确保民情、民意、民智顺畅传达。该中心规定，对一般投诉件在 15 个工作日内向诉求人回复，投诉人在网上可以跟踪投诉处理情况。同时，该中心充分利用信息技术的优势，将各区县（市）行政效能投诉中心投诉电话一并在网上公布，形成了上下联动的工作格局。厦门机关效能网上设置的“效能投诉”专栏，可以将提交的网上效能投诉、市长专线转办件等自动与机关效能网上投诉系统对接，自动生成“厦门市机关效能投诉办理情况表”，有效提高了效能投诉的办理效率及质量。二是设立行政效能投诉中心，受理社会各界投诉。如成都市行政效能投诉中心重点对全市行政效能及机关作风建设情况进行监督检查，对群众反映强烈和涉及行政效能问题的投诉案件进行查处并相关工作人员进行责任追究。重庆市效能投诉中心主要对市政府各部门和承担行政管理职能的部门进行监督，受理和办理对上述部门工作人员行政效能的投诉，承办市政府实施的行政部门首长问责制中涉及行政效能的有关事项等。昆明市行政效能投诉中心设在市纪委、市监察局，具体工作由市纪委监察局信访室、效能监察室承担。按照《昆明市行政效能投诉中心投诉处理办法》，市行政效能投诉中心受理投诉后，在 3 个工作日内及时准确地作出自办或转办、督办的处理，自办件在 20 日内办结，转办和督办件在 40 日内办结，对署实名投诉的，会及时给予答复。

⑤健全体制，适度调整效能监察机关合署机制。根据上文对监察机构的分析，我们可以看出，当前监察机关合署体制致使监察机关的职能侧重于廉政监察，忽视了效能监察工作的职能，这就在客观上要求对其进行适度调整。纪检的职能和监察项职能实质上是有本质的区别。在纪检与行政效能监察的机关合作办公的基础上，根据法律的实施条例和其他相关的一些规定，我国必须重新界定纪检和监察的两项职能。并且行政效能的监察主体必须明确界定，不仅对行政监察机关实行履行法定监察职能是有利的一面，而且也对行政监察队伍的专业化建设起到十分重要的作用，行政效能监察法律责任也能够顺利地承担责任。通过这样明确的界定，就会严肃处理只履行行政效能监察的职权，而对行政效能监察法律不承担责任的现象。

行政效能监察法存在着制度与实际不符的情况，法律本身并不是主要原因，主要原因是在法律之外。行政监察法可以约束执法人员的工作，同时也可以制约一些机关部门存在的恶劣问题，国内在这方面做的研究还比较少，从长远角度来考虑，我们要在合署机制的大领导下尽力规范行政效能监察的自身设置，使监察系统工作的领导作风，要真正在监察机关的一些实际的工作中表现出来。一种是我国监察机关和纪检机关所形成的：一班二牌的合署机制。这种制度的设立符合历史发展的潮流，构建了监察与纪检之间合作前景的桥梁，所以，必须在实践中去检验这两种体制的优劣程度，在实践中完善制度，在实践中摸索制度。根据具体地方的具体问题，摸索出一套利国利民的监察机关领导体制。

三、优化行政效能监察的体系

行政效能监察机关作出效能评价的主要依据是监察指标和内容细则。我国是一个人口大国，各级地方政府发展实际情况差异悬殊，建立普遍性的指标体系是个难题。但是从总体上来看，我国目前还处于发展阶段，因此可以依据以下的三条标准，用于构建行政效能监察的指标体系：

第一，分类设计政府的职能，遵循管制职能、服务职能兼备的原则，经济发展、社会管理并重的方法。突破管理与服务是行政效能监察指标近期的考核内容和方向，重点放在服务是长期规划的结果，目标管理和设定方向的结合才可以发挥出最佳效果。组织的任务具体转成组织目标，可操作的效能监察指标必须由行政监察机关协助政府各部来完成。政府其余部门和负责人员在鼓励下就会积极地去配合监察工作，因为效能监察中自觉的内动力是由外压力转化而成的。

第二，要侧重定量指标和坚持定量指标二者并重的基础，并且要确保指标优先和客观与主观指标并重；既要防止搞得过于繁杂，也要反对设计过于简单，注重追求有效的指标操作。为了进行客观的对比，让结果更具说服力，因此在进行指标量化的时候就要全部考虑进去，从量化的角度去设计考核指标的体系。另外，也要对从业公务人员进行考察，指标包括表达力、理解力、专业熟悉度等。

第三，可操作性是行政效能监察鲜明的特点。那些超越现实和一般实际情况的量化指标不在可操作的范围内，要设定一定实际目标的指标，从业人员不可能轻易达到，但是可以通过一段时间努力达到标准就好。评估者要控制合理的完成难度系数和指标操作成本，弄虚作假的从业人员就很难达到那个指标的量度。

四、构建行政效能评价体系

行政效能监察工作的展开是通过对所监察对象的具体效能工作的过程的监察，行政效能监察的最终目的是提升行政机关的行政效能。然而若想对行政机关的行政效能进行有效的监督和监察，则必须对监察的行政对象有清晰而准确的了解，有配套的考核标准、奖惩措施。

因此行政效能监察考核与评价不论是在过程式监察还是结果式监察中都是至关重要的内容，考评机制既可配套实施又可独立完成。一方面，若行政效能监察对象此时的效能不经过客观标准的衡量，就不会知晓其工作效率是否提高，是否需要改进，不能充分调动行政人员的自我约束，自我改良的积极性。另一方面，若行政效能监察机关独立实施的考评，即效能监察考评工作和本级人民政府的其他行政工作相联系，依据行政行为的性质、种类、内容进行综合考量。对行政效能监察的考评机制的理解主要为：

效能监察考评体系不仅仅是对行政行为的考量，也是预防效能低下的有效控制手段。效能监察考评是对监察对象的实际运行状况所进行的考查、评价过程，这个过程最终将会得出对所监察对象的综合评价。若行政机关对行政行为中的具体行政信息不能触及，则对效能的评价也无从谈起。所以对行政行为进行综合考察、评价，对考察信息进行加工处理，最终得到评价结果是效能监察考评的核心。

行政机构的好坏并非行政效能考评体系的最终目标。行政机构设置之初本身就具有层次性、等级性。而效能评价的目标是提升政府的行政效能，通过对比的方式，找到改良工作的方向。因此，明确效能监察的考评目标是开展工作的前提。

行政效能监察的考评体系是一个整体的过程，而非独立的行为。效能监察的考评是一个过程，在这个过程中，存在着诸多的考察行为。此外，在具体的行政监察考评过程中，诸多关键要素为考量行政效能提供了具体依据。这些关键要素为我们指出，哪些要素是行政效能所忽视的，以及这些因素在整个考评体系中的重要作用。

考评体系是需要动态调整的，因为在具体实践中，即使同一行政机关的行政行为所依据的政治环境不同，则作出的行政行为也不同，适用的考评体系也不尽相同，所以得出的效能值也有较大的差异。

效能监察的考评是宏观的、整体的、绝不是孤立而存在的。考评体制与反腐倡廉、人员管理、绩效考核、战略规划与部署都有密切联系。行政效能监察可以查出违法乱纪行为，整顿行政机关的风气，鼓舞行政机关工作人员的士气。

行政效能监察考评应确定制定的标准，实施考评和考评结果应当采用“三权分离原则”，即定、考、用三者相分离。效能监察以提升行政效能为最终归宿。为此，考评机制应当发挥其最大功用，主要体现在：一是在效能监察过程中，对于列举的正面案例，应当多加分析、研究，进行及时的总结，个人的效能提高最终表现为行政机关效能的整体提高。二是效能监察中若发现普通的问题，则以《监察建议书》《整改通知书》的形式进行整改，以切实督查被要求整顿单位解决问题；对于重点问题，应当采取落实到个人的原则，严格地敦促其进行改革、整顿；对于情节严重、恶劣的情形应当对行政机关的首长以个人处分。

第二节　法律法规

行政效能的监察行为需要进一步的规范，持续性、有效性是效能监察的保证，执政机关效能低下的问题就能够有效得到遏制。从国外发展的轨迹来看，行政效能的各项规章制度首先应该建立在法律的基础上，国内目前推行的行政效能监察作为基础，国家法律不断对其进行完善，重点体现了目标一致性的原则，并且逐步形成了法律规章之间的互补效应。

为了进一步规范行政效能监察行为的合法性和持续性，首要任务就是制定一部全国统一的行政效能监察法律法规，用来指导全国各级监察机关的行政效能监察工作，使我国政府行政效能监察走上制度化、规范化的轨道。

一、完善法律法规体系

中央立法机构要以《宪法》《行政监察法》《公务员行政处分条例》等法律法规为依据，加强顶层设计，在中央层面上制定出台《行政效能监察法》，进一步规范行政效能监察工作的履职方式和内容，确保行政效能监察工作的合法性，各级地方政府还要制定相应的实施细则，如《湖南省行政效能投诉处理办法》《山东省行政效能投诉处理暂行办法》等，对效能投诉的方式、程序及办结时限进行了明确的说明，为开展行政效能监察工作提供了有力的制度保障。各行政部门要根据自身行业特点制定相应的责任追究制度，如《河北省劳动和社会保障厅影响机关效能行为责任追究办法（试行）》，明确规定了对影响机关效能人员的责任追究内容和追究形式，进一步规范了政府公务人员的履职行为。

二、细化法规政策依据

在有关法律法规中将宪法及有关法律关于政府效能建设的要求细化为可操作的具体法律规范。如在《行政监察法》中明确监察机关开展效能监察的内容，在《公务员行政处分条例》中增加对行政机关公务人员效能低下的处罚条款，以使对政府机关及其国家公务员日常行为的监督与处理有更加充足的法律依据。

三、建立内部监督机制

为确保效能监察人员在履行监督检查职能过程中能够依法监察、高效履职，必须进一步规范内部监督管理机制，让监督者接受监督，在湖北省纪委监察厅出台的《湖北省纪检监察系统内部监督暂行办法》中，明确规定了对效能监察进行监督的内容和具体方法，江西省宜春市纪委、监察局出台的《关于加强纪检监察系统内部监督的暂行办法》中，详细制定了“操作指南”，全面铺开的内控机制建设，真正把权力关进了制度的笼子里。

四、完善行政效能监察的奖惩制度

行政效能监察的奖惩制度实施的意义在于，为了提升行政机关的行政效能，制定一系列的规则，并考量行政行为是否符合标准。奖惩制度与评价机制的区别在于，评价机制对行政行为的效能值先给予最初的考察，然后对于符合不同标准的通过奖惩制度而具体的实施，确切地说奖惩制度是评价机制的延伸与完善，二者紧密相连，却有所不同，对于效能监察而言，缺一不可。因此，行政监察机关应当确切地了解效能监察奖惩制度的重要作用，主要有三：其一，是加快转变政府职能，实现政府执政方针的转变；其二，是通过实施奖惩制度，奖励优秀的行政工作人员，惩罚消极怠工的公务员，极大地调动员工的积极性；其三，效能奖惩制度还可独立地运用到行政机关的其他相关机构或组织。从我国现阶段奖惩实施来看，完善行政效能监察奖惩体系需要从以下几方面加以进行。

（一）制定行政效能监察奖惩的法律规范

法律具有滞后性，即当社会矛盾出现后，并未有相关法律进行调整，成为法律空白。在行政效能监察的实践中，可以看出我国行政效能的监察立法远远不能调整现实出现的问题，制度的不完善是我国行政效能监察工作难以发展的阻碍之一。我国行政效能监察法在效能奖惩部分是不完善的，各地方政府为了效能监察工作的开展而制定效能监察细则时，因为奖惩制度的敏感性，都纷纷对该内容进行回避，使得在具体的操作实践中，效能监察的奖惩制度缺失。即使有些行政法规有相关的制度内容，但只是调整特殊的主体，而不具有普遍适用性，例如行政处分的惩戒，其调整的对象是国家机关的工作人员对违反行政纪律而进行处分。但是根据《行政监察法》和《行政监察法实施条例》的有关规定，行政纪律的内容是“廉政行政”和“勤政行政”这两部分内容，所以对于效能监察这部分内容的奖惩制度无疑是缺失的。因此，若在《行政监察法》的修订中，将行政效能监察的奖惩制度的具体实施细则进行详细规定，会使制度更具有可操作性。

（二）注重奖惩结果的有效性

社会上存在着各种各样的奖惩制度，奖惩制度的意义在于给予被奖励者以物质奖励和精神奖励。在效能奖惩实践中，奖惩的方式较单一，根据法律规定，奖惩制度应当将物质奖励与精神奖励相结合，并以精神奖励为主。笔者认为，该种奖惩方式忽视了人与人之间的差异性，不能有效地调动公务员的积极性。为此，应当采用特殊对待原则，针对不同的奖惩主体，奖惩模式也应当有所不同，例如对于领导或年纪较大的工作人员，应当采用精神奖励为主的方式，对于年纪较轻的工作人员，应当采用物质奖励为主的方式，该种方式能激发年轻人的斗志，真正地起到激励的作用。此外，奖惩制度的实施应当以具体的案件为准，不能千篇一律地给予同一个处罚，应当做到奖惩的有理有度，宽严适中，以实现奖惩的最终目的——提高行政机关及其工作人员的行政效能。

第三节　工作队伍

加强行政效能监察队伍建设保证行政效能监察能够依法、高效履职，必须建设一支职业化、专业化、年轻化的效能监察干部队伍，建立完善的人才选拔和准入机制，通过公务员考试、从基层监察机关公开遴选等方式，选拔出优秀的高素质人才，不断充实到行政效能监察干部队伍中来，注重提升效能监察干部的理论水平，强化对财会、计算机专业技能的提升，不断增强解决实际问题的能力。

一、加强组织建设以增强生机和活力

通过优化效能监察领导班子的年龄、知识、专业结构，增强效能监察干部队伍的生机和活力，注重从基层选拔那些党性好、作风正、能力强、群众威信高的优秀干部充实到班子中来，提高领导班子的整体素质和能力。对行政效能监察干部实行双重管理，基层纪检监察干部的配备、调整、任免，必须征求上一级纪检监察机关的意见，严格按照协商、酝酿、考察、任免等规定的程序办理。

二、加强能力建设以提高履职能力

一是提升执纪办案能力。把查办案件作为效能监察干部工作的主要内容，全面学习效能监察理论、业务知识及相关法律法规，切实提高依纪依法查办案件的能力。二是提升组织协调能力。在开展监督检查工作中，注重加强与审计、财政、司法部门的沟通协调，各司其职、齐抓共管，构建多主体、多渠道、多层次的监督体系，形成推进效能监察工作的整体合力。三是提升开拓创新能力。充分利用现代信息技术，按照全面落实依法、高效、廉洁的要求，强化行政监管，规范行政行为，把信息技术与行政效能监察工作结合起来，以实现行政权力运行监督信息化为目标，把行政效能电子监察作为促进行政管理部门转变工作职能，提高服务质量，提升服务水平的有力抓手。

三、加强制度建设以规范运行机制

加大纪检监察干部岗位交流力度，采取顶岗、下挂、外派、轮岗等多种锻炼形式，不断提高纪检监察干部的工作能力和综合素质。建立科学考核评价机制，严格实行目标管理、工作承诺等制度，坚持定性和定量相结合，将考核结果作为调整、任用和奖惩干部的重要依据。建立效能监察工作激励机制和责任追究机制，加强对效能监察干部队伍内部的监督检查，进一步规范行政效能监察工作的监督方式，严肃追究由于履行监督职能不到位造成的效能低下的责任，切实做到依法监察、高效履职。

总之，为充分发挥行政效能监察的功能，必须从上述多个角度出发，综合治理，双管齐下，多措并举，使行政效能监察制度和实践有效运行。

第四节　制度环境

一、加大对行政效能监察工作的宣传教育力度

对行政监察机关的工作人员，特别是监察机构的领导在认识层面上进行宣传教育。弥补广大人民群众对行政效能监察认识的不足，能够有效地促进效能监察工作的开展。改良行政管理方式，提升行政效能是行政监察机关的一项法定职责。党的十七大报告中指出：“行政管理体制改革是深化改革的

重要环节”，因此行政管理体制的改革应当作为改革中的一项重要内容实施，行政管理体制的改革包括行政效能监察管理的改革。在计划经济体制中，政府机关着重强调行政权力，忽视了法律、经济等调整手段，最后行政效能监察机关的绩效管理水平往往差强人意。因此，深化行政效能监察的体制改革，转变监察部门的职能，理顺机构之间的关系，使行政行为执行通畅。国内省、市等各级部分政府机关消极怠工，认为自己作为公务员高人一等，使行政行为的不作为成为效能低下的普遍现象。因此，在当前经济高速发展，转变政府职能，大力地宣扬行政效能的宣传教育，将行政效能放在与反腐倡廉同一高度上，使行政监察机关的工作人员切实地认识到效能的提高对监察工作的重要意义。

（一）开展行政效能监察干部的专项教育

第一，深入学习行政效能监察等相关法律、行政法规。构建社会主义和谐社会的首要途径为依法治国，依法治国意味着行政机关作出行政行为时必须有法律依据，行政效能监察工作的开展也不例外，同样要有法律的授权。因此深入地了解行政效能监察的相关法律、行政法规至关重要。对行政效能监察机关的广大干部进行专项教育是提升其对行政效能认识的重要途径。在开展专项教育时，将廉政监察与效能监察放在同一高度，以引起领导干部的足够重视。

第二，深入对行政效能监察的过程教育。我国行政效能监察之所以有诸多问题，原因之一在于监察人员重结果，轻过程，因此，在开展行政效能监察的活动中，着重强调行政行为过程的监督是重点。过程的宣传教育需要不同形式的宣传，以转变政府职能，提升政府部门的办事效率。这一过程不仅使监察的主体认识到效能监察的重要性，使被监督的对象更好地约束自身的行政行为，调动工作的积极性和主动性。

（二）创新行政效能监察的教育手段

在改善政府及大众对行政效能监察的认识不足的过程中，在大力开展行政效能监察的前提下，也应当不断地改良行政效能的教育方式，该种教育方式应当是大众认可并接受的方式、方法。通过宣传、教育等手段使行政效能监察的地位和影响不断强化。实践中广泛应用的一种教育手段为典型教育法。即列举行政效能监察的优秀事例，在效能监察教育中进行广泛宣传和教育；列举反面案例，并对反面案例的机会教育，为效能监察人员敲响警钟，通过对反面案例进行分析，使效能监察人员深入了解法律赋予的职权是什么，法定义务是什么，严格地约束自己的行为，切实地提升政府的行政效能。

（三）改进行政效能监察技术方式

近年来，各级政府不断加强行政效能监察信息化、网络化建设，大力创新行政效能监察方式，通过实行行政审批电子监察、效能投诉网上办理、信息平台电子监控等手段，进一步压缩行政审批办结时限，优化审批流程，深入推进政务公开和电子政务，逐步加大行政效能监察的监督检查力度。

1. 实行行政审批电子监察

2005 年 6 月，苏州市电子监察系统正式运行，对苏州市本级 261 项，下辖各市（区）共 1013 项行政许可事项全过程监察；2006 年 12 月，佛山市建成二横二纵电子监察系统即市、区两级行政监察机关分别对本行政区域内的行政审批部门进行监督检查的横向监管模式；市行政监察机关对区监察结果综合监察，各市级局对其所辖五区局业务处理的纵向监管模式。通过该系统，佛山市实现了市（级）集中网上审批平台，实现市级 700 多项联网审批；2007 年 1 月，广西壮族自治区在全国范围内第一个实现了行政效能电子监察实时监督，全自治区所有的 75 个县（市）全部建成电子监察系统，并顺利实现自治区、市、县三级联网；2007 年 3 月，武汉市电子监察系统正式运行。系统包括原来 15 个区网上审批系统的完善升级和推进应用、市级审批系统建设和市区两级监察系统建设；2013 年，酒泉市建成“1 + 7 + 7 + n”行政效能电子监察系统，实现了对市级审批部门下设人才交流分中心、社保管理分中心、住房公积金管理分中心、国库支付结算分中心、车辆管理分中心、房屋登记分中心、国土资源分中心和 7 个区县及其所有乡镇、村代办点的综合监察。电子监察系统对政务服务的监管以及服务场景的实时监控，将政务服务工作人员的工作情况置于公众的监督之下，在监察机关及公众的有效监督下按照法律法规为公众提供政务服务。

2. 实行效能投诉网上办理

湖南省益阳市开通了网上投诉平台，24 小时受理投诉，确保民情、民意、民智顺畅传达。同时，投诉人在网上可以跟踪投诉处理情况，并对处理结果的满意度进行评价；该中心充分利用信息技术的优势，将各区县（市）行政效能投诉中心投诉电话一并在网上公布，形成了上下联动的工作格局。

南京市为加强行政效能投诉的即时性，建立了行政效能投诉专用网站，投诉人可以通过该网站随时进行行政效能投诉，查看投诉回复及与投诉相关的文件等信息。除直接按网址进入外，还可以从“中国南京”网站“举报投诉”栏目进入该网站。投诉人也可以通过发送电子邮件进行投诉。把行政效能投诉工作融入网络信息之中，实行效能投诉网上办理，实现了效能投诉办理的电子化和信息化，通过互联网在线对各承办单位投诉件的处理流程、处理结果等进行实时跟踪监控，行政效能网上投诉系统依托外网建立，具备与其他信访投诉系统的数据交换功能，能够通过网络接收相关的效能投诉信息。厦门机关效能网上设置的“效能投诉”专栏，可以将提交的网上效能投诉、市长专线转办件等自动与机关效能网上投诉系统对接，自动生成《厦门市机关效能投诉办理情况表》，有效提高了效能投诉的办理效率及质量。

3. 实行信息平台电子监控

2014 年，东营市在山东省率先构建起综合电子监察平台，将行政权力运行、公共资源交易、公共资金监管、舆情监督等多方面的监管融合，开展服务效能承诺活动，向群众作出公开承诺。

福建省泉州市通过构建执法信息平台，实现网上政务公开、网上行政执法、网上监察监控，执法过程公开透明，监督渠道畅通，促进权力规范运行，压缩腐败空间。通过建设行政执法信息平台电子监察系统，法制督导和效能监察部门实现对全市行政执法业务的远程监督、实时监督，对行政执法进行时限监察、异常监察、合法性监察等。

总之，近年来，全国各级政府不断加大行政效能监察的工作力度，创新工作方法，完善工作机制，通过设立办事机构、建立行政效能监察制度规范、改进行政效能监察方式等具体做法，严格规范行政机关及其公务员的从政行为，切实提高工作效率和服务质量，同时以开展行政效能监察为抓手，扎实推进政府职能转变和管理创新，促进行政机关依法行政，维护政令畅通，不断提升政府的服务质量和服务水平。然而，行政效能监察在运行过程中还存在一些问题，影响着其职能的充分发挥，致使行政效能状况距离公众预期仍存在一定差距。

二、加大对地方政府的行政效能监察力度

由于我国在最近几年加大了行政效能监察力度，加上网络的作用，在一些人口集中的大中城市，行政效能监察和公众监督都初见成效。但是对于一些像县级城市以下的乡镇级这样的人口少的地方，行政效能监察和公众监督还做得不到位。特别是广大的农村，虽然人口众多，由于文化的限制，广大农民参与政府效能监督的概念几乎没有。这样就使一些地方政府在监督缺失的情况下，滋生腐败。在党的十八大召开后，中央提出了反腐败的“老虎苍蝇一起打”的号召，其目的就是要求全国上下的各级政府都要接受行政监察和公众监察，在监督中发现问题，以便更早更好得到解决。

（一）效能监察不忽视农村

由于我国幅员辽阔，无论是封建王朝时期，还是在当下，在国家治理方面，都是将国家分成若干区域，再按层级建立地方政府，然后把中央政府的统治推行到各地方政府。新中国成立以来，我国在地方政府的划分中也有过多次改革，从最初的省、市、县、区，到后来的省、市、县、人民公社，一直到现今的省、市、县、镇四级政府，其目的就是让上级监督下级，更好地开展工作。鉴于这点，在实行行政监察措施时，要将地方基层政府的监察工作提到日程上。这几年，我国的上访人员大多数是最底层的农民，这就暴露了我国行政监察上的漏洞，那就是重点放在大城市，忽略了广大农村，对乡镇级政府的监察不力导致乡镇级政府工作人员对农民的诉求漠视，有的还因为农民对政策的了解不够，就肆意妄为，侵吞国家对农民的经济补助。当农民的问题得不到解决，又不懂得通过法律渠道解决时，只能采取“告御状”的方式——上访，而面对农民上访，一些地方政府不采取正确解决问题的方式，而是为了自己的政绩考核，千方百计地拦截上访者，这本身就是违法行为，还为此花费大量人力物力财力，由此造成的矛盾和流血事件每年都有发生。实行行政效能监督，目的只有一个，那就是使国家政治清明，人民生活稳定。目前，中国农民人口占大多数，农民和农村不稳定，国家就难以稳定。所以，行政效能监察不能忽视农村。

（二）强化监督，促进社会监督发展

在行政监察系统外和政府行政效能相关密切的联系并且担负着效能的监察责任的监督主体，就是行政效能监察的社会监督主体。这些主体包括一些社会媒体和大众，以及一些企业等。虽然目前效能监察起着主导作用，但我们要意识到，行政效能监察开展必须以其他监察主体的有效参与为前提，因为它是作为一项长期和复杂的系统的工作，担负着双向的监督责任，不但要通过监察机关进行有效监督，还要对行政监察机关进行监督并代表普通公民和社会各界对其的监督，因此，外部行政监察的深度必须不断拓展，健全全方位的主体效能监察体系。

（三）设立行政效能监察专员

行政效能监察工作要求行政监察机关聘请一些行政效能监察的专职人员来加入，可以增强廉政建设，防止腐败，符合国家现行体制的要求。国家通过纳入一些民主党派成员，无党派人士作为行政效能监察专员，因为其整体素质较好，已经拥有了一定的社会影响力，具有部分群体的价值观导向作用，参政基础性较好，能为国家的建设贡献自已的一份力。所以说，我国行政效能监察完善的重大措施就是聘请了行政效能监察的专员。不仅如此，专项从事监督的机关部门也要接受社会大众的监督，并且专员应该对监察工作中出现的漏洞及时处理，不断提高行政监察机关的行政效能。

结　语

审计监督与效能监察是完善我国监督体系的必然要求，国家监督体系的建立是国家治理体系和治理能力现代化的必然要求，是建设服务型政府的必要手段，在此要求下，各监督体系探索协作方式，合力发挥监督作用，促进国家治理能力的提高。

一、以政府治理现代化助推审计监督与效能监察协同

政府治理现代化是国家治理现代化的重要组成部分，而政府绩效管理是政府治理中不可或缺的构成部分，推进政府绩效管理对加快实现政府治理现代化具有十分重要的现实意义。发挥政府绩效管理在政府治理现代化进程中的作用，要树立政务服务“用户思维”，也就是政府绩效管理中的“顾客导向”，以公众需求为导向优化政府治理。坚持问题导向，主动挖掘问题信息，查找问题存在的根源，把握解决制约发展问题的主动权。重视社会评价，以社会公众的评价意见作为提升政府治理能力的突破口，积极开展意见整改工作，补齐政府工作中的短板。针对社会公众反映突出的热点、难点问题，敢于采取改革创新的思路和举措应对挑战、破解难题，推动政府治理适应经济社会发展新常态。

积极探索新形势下政府治理的新模式，扩大社会公众有序政治参与。树立政府治理“社会化思维”，动员社会力量协同政府共同处理公共事务，实现政府治理的多元化；以解决民生问题为切入点，协调各社会阶层和社会群体利益，建立健全对话、沟通、讨论、协商机制，落实社会公众的知情权、参与权、表达权、监督权，在公开、平等、理性的协商过程中达成共识。以

创新和改善政府治理为导向，鼓励、引导社会公众制度化参与地方政府公共政策的制定和公共事务决策的协商，改进和完善政府的行政方式、决策方式和社会治理方式，构建问政于民、问需于民、问计于民、问绩于民的互动沟通平台。充分发挥政府绩效管理引领、激励和咨询等多重功能，使它成为推动政府治理现代化的重要力量。要善于运用政府绩效管理这个工具，以推进政府治理体系和治理能力现代化为目标，不断提升政府治理能力和水平。

二、以管理体系建设推进审计监督与效能监察协同

党的十八大明确提出“推进政府绩效管理”。贯彻落实好中央的这一要求，首先需要推进全国性政府绩效管理体系建设。

第一，加快顶层制度设计。进行制度层面的建设，要坚持理念引领、统筹协调和鼓励创新的原则。建立健全保障“四个全面”战略布局和新发展理念贯彻落实的绩效管理工作机制，完善经济社会发展评价体系，建立体现科学发展观和正确政绩观的干部考核、评价、激励机制。

第二，完善组织机构配置。当前，国内绝大部分地方没有设立专门的绩效管理机构，大部分附属于其他部门，工作缺乏连贯性、可持续性，政府绩效管理的制度化、专业化水平不够高。应将绩效管理机构的设置纳入政府机构改革的总体规划，整合相关部门职能，设立独立的管理机构。在中央层面，可明确绩效管理机构，统一规划、指导全国政府绩效管理工作；在地方层面，可视地方具体情况而定，有条件的可单独设置高规格的政府绩效管理专门机构；单独设置有困难的，可采取合署、挂靠的形式完善机构设置，配备专门的编制人员。专职人员在正式入职前需经专业培训，对绩效管理工作的开展有宏观的了解，具备一定的专业基础。

第三，以绩效管理的思维推进行政管理体制改革。2008 年，中共中央出台的《关于深化行政管理体制改革的意见》指出，“要建立行政问责制度和绩效评估体系”，党的十八大对行政体制改革提出了新的要求。行政管理体制改革是我国政府改革的核心议题，也是政府改革的热点。在深化行政管理体制改革中，应突出政府绩效管理的制度设计，强化绩效理念和绩效管理方法在行政管理体制改革中的应用，大力推进行政管理体制改革和治理能力现代化。要充分发挥绩效管理的作用，提升政府管理绩效，降低行政成本，优化公共服务，实现政府绩效管理和行政管理体制改革二者相互促进、良性

互动。

三、以法制化建设推进审计监督与效能监察协同

立法是政府绩效管理实现制度化的重要标志，也是推进政府绩效管理的重要保障。目前在我国，有关政府绩效管理缺乏全国层面的相关立法。在地方层面，除了哈尔滨、杭州进行了地方立法之外，鲜有政府绩效管理地方性法规。政府绩效管理领域的立法缺失，是政府绩效管理全面、深入、持续、有效开展的一个瓶颈。

加快政府绩效管理法制化建设有其特定的必要性。按照全面依法治国和建设法治政府的要求，政府重要政策和行动应该有法律保障，立法体现政府行为的合法性和正当性，为政府职能的履行和政府行为提供立法依据和法律保障。因此，要继续推动全国层面的政府绩效管理相关立法，这既是当前形势下贯彻全面依法治国、建设法治政府的重要体现，也是实现政府绩效管理制度化和法治化的重要体现。在积极推动全国层面的政府绩效管理立法的同时，各个地方也应积极探索，结合地方政府绩效管理的实际需要和实践经验，探索制定地方层面的政府绩效管理的法规、规章，为地方政府绩效管理的推行提供法规依据，也可以为国家政府绩效管理立法提供经验参考。

四、以审计队伍推进审计监督与效能监察协同

建立合理开放的培训机制，对审计人才进行培训，不断扩大懂得审计监督与效能监察协同知识的审计人才基数，是保证这一策略能够顺利实施的必要条件。

五、以信息技术推进审计监督与效能监察协同

在当前全球经济一体化、社会信息化的趋势下，一个国家的信息化发展水平直接关系到该国在世界经济和政治格局中的地位。如何将电子信息技术应用于政府组织，提高政府绩效管理的效率和水平，迎接经济全球化和信息网络化的挑战，已成为世界各国和地区的政府机构普遍关心的问题。加大现代信息技术在政府绩效管理中的应用，是政府绩效管理中一个不可忽视的发展趋势。

一方面，要在政府绩效管理中注重对大众传媒的运用。大众传媒因其传

播成本低、传播速度快、传播容量大的优势而成为传播综合信息的渠道之一，对绩效管理而言，大众传媒可以利用其综合优势，成为政府绩效管理的传播者、解释者、监督者和反馈者。加强大众传媒在政府绩效管理中的应用，可从以下四方面入手：一是地方政府绩效管理工作要密切关注媒体，及时掌握社会动态信息，为政府及时回应提供决策信息、预警信息和背景资料。二是政府绩效管理机构要主动加强与媒体的联系，充分发挥其舆论“风向标”的作用。要主动向大众传媒和社会公众发布绩效管理信息，表达党委、政府绩效管理的立场和观点，宣传相关规定和决策，增强绩效管理工作的透明度，扩大公众对绩效管理工作的知晓度、认知度和参与度，确保正确的社会舆论导向。三是地方政府绩效管理机构要认真研究和开发利用新兴媒体的功能，掌握新兴媒体信息传播的主导权，从而实现政府绩效管理机构、大众媒体与公众之间的良性互动和有效沟通。四是在推进政府绩效管理的各个环节上要充分发挥大众传媒不可替代的作用。在绩效信息采集和公共服务效果反馈信息获取上发挥高效、便捷的作用，在绩效诊断和绩效沟通上搭建立体平台，在推动绩效评估主体多元化上发挥作用，在传播绩效文化、倡导绩效管理理念等方面发挥媒体的独特作用。

另一方面，在信息化时代，要注重运用大数据来创新政府绩效管理机制。大数据是一种技术手段，但对于公共行政部门而言，大数据的技术手段不仅提供了技术支持，还通过公共部门的管理创新，客观上增强了公共部门的服务意识，最终推动政府职能的转变。大数据的包容性将打开政府各部门间、政府与市民间的边界，信息孤岛现象大幅削减，数据共享成为可能。同时，大数据的信息平台，使数据资料更加全面，政府部门间的数据信息调用将更加方便快捷，可以有效地提高工作效率，也极大地提升了政府治理能力。因此，首先要树立大数据意识，学会运用大数据为政府绩效管理工作服务，以大数据为牵引，不断完善政府绩效管理制度建设；其次要建立大数据平台，整合政府绩效管理过程中的大数据资源，便利绩效信息的收集、分析和整理，为政府决策提供支持；最后要以大数据印证政府绩效管理的结果，提升绩效管理的公信力。大数据的广泛应用，能够利用数据融合、数学模型等一系列手段，实行数据驱动的管理模式，让数据说话，尊重客观事实，从而提升政府绩效管理结果的客观性、公正性。

六、注重绩效文化的再培育和普及

绩效文化是一种以评估政府运作效率和治理水平为核心的文化价值观，是行政文化在新时代的发展，它起到稳定或变革政府绩效管理体系，规范、引导和调整政府绩效管理行为的作用。它的存在是政府绩效管理存在的精神之源、动力之源、发展之源，是整个体系在政府管理改革过程中改善和发展的稳定保证。培育和普及绩效文化可以更好地发挥政府绩效管理的作用，真正将政府绩效管理的价值理念“内化于心”，形成行动自觉，打通绩效管理落实的“最后一公里”。

一是要广泛传播传承绩效理念。绩效文化的传承，也就是再培育，需要全员参与创建，必须对社会公众和政府管理主体进行全方位的宣传与教育。首先，从培育和普及绩效文化对象的角度，要注重传播对象的广泛性，既要包括政府管理人员，也要包括广大的社会公众。其次，从培育和普及绩效文化内容的角度，要注重推广绩效文化内容的针对性。绩效文化的培育将会整体性地推动政府管理的变革，从而在全社会形成一种为社会公众和政府管理者共同认同的价值理念。绩效文化的推广与传播要紧紧围绕政府绩效管理的基本理念，深入社会公众和政府管理者的认识中去，并使其得到认同，从而为绩效管理的推行打下坚实的基础。最后，从培育和普及绩效文化制度建设的角度，要注重绩效文化与绩效管理制度的配合，绩效文化的推广与传播要依靠制度上的配套建设来实现，而绩效管理的制度建设应当充分地体现绩效文化，并为绩效文化的学习、宣传和推广创造条件。

二是要培育务求实效的绩效文化。文化决定了表现形式，绩效文化影响绩效管理体系的设计和运作，为绩效管理提供一种道德约束和行为准则。培育科学的绩效文化应该围绕政府绩效管理的流程展开，在政府绩效管理实施的过程中，逐步形成与地方特色相适应的价值主张和政府行为特征。务实高效的绩效文化应该贯穿政府绩效管理的绩效计划、绩效监控、绩效评估、绩效改进和绩效反馈的一系列环节。例如，绩效计划实质上是一种契约，因而制定绩效计划时应符合契约精神，鼓励各级政府部门积极参与绩效规划和目标的制定，并为其参与创造条件，形成一致的目标，从而可以激励各级政府部门为实现目标而努力。在监控环节，应以细致、严格为先，详细记录监控到的事实和数据，观测绩效计划执行过程中的偏差，及时地发现问题。而在绩效评估、改进和反馈等环节，绩效沟通是一个非常重要的工作方式，要能够帮助各级政府部门及时有效地找出影响绩效的因素，从而采取全方位的措施改善和提升绩效。这种沟通不能是简单的例行公事，更不能给各级政府部门带来压迫感。因而，在考评者与被考评者之间寻求建立积极的、开放的新型合作关系，既可以让政府绩效管理机构更好地担当组织者、发现者、推动者、协调者的角色，又可以让各级政府部门更积极主动地参与政府绩效管理的全过程，实现绩效文化对政府绩效管理的引导功能。

三是要推动新时代绩效文化的创新。文化创新可以推动社会创新。绩效文化源于绩效管理的社会实践，具有引导绩效管理实践发展的作用。行政文化要体现新时代的价值体系与行为方式，体现鲜明的时代特征，从而为政府管理的发展趋势提供源源不断的强大动力，为绩效文化的培育指明方向。培育绩效文化、推动绩效文化的创新需要防止绩效主义的倾向。绩效主义唯绩效是举，强调优胜劣汰。但实际上，仅凭一时的绩效，很难判断是不是某一届政府或某一个政府部门努力的结果，政府部门的工作效果有时候会有一定的滞后性，因而评价政府绩效还需要从长期的视角来观察和判断。另外，绩效管理必须高度重视人的因素，过度地强调绩效，往往会忽视绩效参与者的心理变化，组织的发展愿景也会发生偏差。推动绩效文化的普及和创新时必须明确，绩效管理只是一个工具，如何以一种正确的理念应用并发挥它的优势，是政府绩效管理成功与否的关键。